Ursula Oppolzer

Gedächtnisspiele für Senioren

Aktivieren mit Lust und guter Laune

Rund um Haus und Garten

schlütersche

Ursula Oppolzer studierte Biologie und Geografie, Mathematik und Psychologie. Sie zählt zu den führenden Expert*innen für Gedächtnismanagement, Konzentration und Lernen und hat viele erfolgreiche Bücher veröffentlicht.

Bibliografische Information der Deutschen Nationalbibliothek
Die Deutsche Nationalbibliothek verzeichnet diese Publikation in der Deutschen Nationalbibliografie; detaillierte bibliografische Daten sind im Internet über https://dnb.de abrufbar.

ISBN 978-3-8426-0873-3 (Print)
ISBN 978-3-8426-9133-9 (PDF)
ISBN 978-3-8426-9134-6 (EPUB)

Originalausgabe

Aus Gründen der besseren Lesbarkeit wurde in diesem Buch die männliche Form gewählt, nichtsdestoweniger beziehen sich Personenbezeichnungen gleichermaßen auf Angehörige des männlichen und weiblichen Geschlechts sowie auf Menschen, die sich keinem Geschlecht zugehörig fühlen.
Autorin und Verlag haben dieses Buch sorgfältig erstellt und geprüft. Für eventuelle Fehler kann dennoch keine Gewähr übernommen werden. Weder Autorin noch Verlag können für eventuelle Nachteile oder Schäden, die aus in diesem Buch vorgestellten Erfahrungen, Meinungen, Studien, Therapien, Medikamenten, Methoden und praktischen Hinweisen resultieren, eine Haftung übernehmen. Insgesamt bieten alle vorgestellten Inhalte und Anregungen keinen Ersatz für eine medizinische Beratung, Betreuung und Behandlung.
Etwaige geschützte Warennamen (Warenzeichen) werden nicht besonders kenntlich gemacht. Daraus kann nicht geschlossen werden, dass es sich um freie Warennamen handelt.

Abbildungen:
stock.adobe.com: bioraven (71); davooda (21, 50, 59); Digital Bazaar (55, 63);
djvstock (6, 8, 10, 12, 17, 23, 26, 32, 56, 65, 67, 69, 73, 74, 77, 79);
dlyastokiv (28, 31, 34, 35, 41, 47, 52); mayrum (61, 62, 80); Рудой Максим (14)

Lektorat: Claudia Flöer, Text & Konzept Flöer
Covermotiv: licvin – stock.adobe.com
Reihengestaltung: Kerker + Baum, Büro für Gestaltung GbR, Hannover
Covergestaltung und Satz: Sandra Knauer Satz · Layout · Service, Garbsen
Druck und Bindung: Salzland Druck GmbH & Co. KG, Staßfurt

Inhalt

Vorwort

Liebe Betreuerinnen und Betreuer,

tagtäglich regen Sie Ihre Senior*innen an, den versunkenen Wortschatz zu heben, Redewendungen und Redensarten sowie Zitate hervorzukramen. Sie erinnern an Lieder und Gedichte, rufen Wissen und Erfahrungen ab und bringen die Senior*innen zum Lachen.

Gedächtnistraining fördert die Durchblutung des Gehirns und des ganzen Körpers. Das ist besonders wichtig für Menschen, die in ihren Bewegungsmöglichkeiten eingeschränkt sind.

Bei allen geistigen Aktivitäten soll es aber nicht nur um die Gesundheit gehen, sondern es soll vor allem Freude bereiten. Lachen und Erfolgserlebnisse rufen positive Gefühle hervor, entspannen und motivieren, weiterzumachen – auch wenn die Aufgaben mal nicht so einfach sind. Erfolge in entspannter, fröhlicher Atmosphäre führen zu mehr Selbstvertrauen, zu einem positiven Selbstbild und stellen zufrieden. Die Folgen sind: mehr Aktivitäten, mehr Umwelt- und Sozialkontakte, mehr Bewegung, eine Förderung der Gesundheit und letztlich mehr Freude am und im Leben.

Mit diesen Gedächtnisspielen zum Thema „Haus und Garten" können Sie die Teilnehmenden immer wieder überraschen und motivieren wie auch mit ihnen aus dem Langzeitgedächtnis viele Erinnerungen hervorholen, und mit leichten und etwas anspruchsvolleren Spielen die Teilnehmenden dort abholen, wo sie stehen. Im 1. Kapitel, betitelt „Rund ums Haus", werden seltsame Hausbewohner, nette Nachbarn und vieles mehr unter die Lupe genommen. Im 2., 3. und 4. Kapitel geht es um viele Spiele in Küche, Stube, Keller und Dachboden, während im Kapitel 5 der Garten im Mittelpunkt steht.

Ich wünsche Ihnen und Ihren Senior*innen Begeisterung für das Training, viel Freude, viele Erfolgserlebnisse, heitere Gelassenheit und immer wieder neue, kreative Ideen.

Boppard-Buchenau, im Januar 2022 Ursula Oppolzer

Rund ums Haus

Tratsch im Treppenhaus

Lesen Sie den Teilnehmenden diesen „Tratsch im Treppenhaus“ vor und lassen Sie die Reimwörter finden.

Trude und Thea treffen sich im Treppenhaus
und kehren immer wieder alles *(raus)*.
Die junge Schöne mit den blonden Locken
hat einen Freund mit lila *(Socken)*.
Und bei der Frau im knallroten Rock
klopft jede Nacht ein Herr mit *(Stock)*.
Kein gutes Haar wird Eva lassen,
an dem jungen Mann aus *(Sassen)*.
Sie flüstert ins Ohr der ander’n
der Mann mit Hut, der ist aus *(Flandern)*.
Und der Student dort oben unterm Dach,
der studiert ein recht seltsames *(Fach)*.
Ach, herrjemine, es ist schon spät,
wie beim Tratschen schnell die Zeit *(vergeht)*.
Die Türen sind nun zu,
Das Treppenhaus hat endlich *(Ruh’)*.

Weitere Ideen

- Lesen Sie jeweils die erste Zeile und die Teilnehmenden finden selbst eine zweite Zeile.
- Die Teilnehmenden bilden gemeinsam Reime vom Tratsch im Treppenhaus.
- Lassen Sie Ersatzwörter für „reden“ nennen *(sprechen, flüstern, tuscheln, …)*
- Die Teilnehmenden suchen viele Wörter, die mit „Tr“ beginnen wie Treppenhaus oder mit „tr“ wie tratschen.

Gedächtnistipp

Machen Sie so oft wie möglich Wortspiele, um Ihren versunkenen Wortschatz zu aktivieren und Ihre grauen Zellen in Schwung zu bringen.

Mit der Tür ins Haus fallen

Spielen Sie ein Quiz mit Redewendungen und lassen Sie die Teilnehmenden diese Fragen beantworten.

- Womit fällt man ins Haus? *(mit der Tür)*
- Was erspart den Zimmermann? *(die Axt)*
- Was sollte man nicht verspielen? *(Haus und Hof)*
- Wer tanzt auf dem Tisch, wenn sie fort ist? *(die Katze – die Mäuse)*
- Welches Haus fällt sehr leicht zusammen? *(das Kartenhaus)*
- Wann sollte man nicht mit Steinen werfen? *(wenn man im Glashaus sitzt)*
- Wie alt wird man und lernt nie aus? *(alt wie ein Haus)*
- Wo sollte man zuerst kehren? *(vor der eigenen Tür)*

Weitere Ideen

- Nennen Sie Redewendungen und die Teilnehmenden stellen die Fragen.
- Die Teilnehmenden stellen selbst Fragen zu Redewendungen und Sprichwörtern rund um Haus und Garten.
- Nennen Sie ein Wort einer Redewendung und lassen Sie die passende Redewendung dazu nennen. Beispiel „Tür“: Mit der Tür ins Haus fallen.
- Die Teilnehmenden stellen Redewendungen pantomimisch dar.
- Es werden gemeinsam Sätze oder eine Geschichte gebildet, in der diese Redewendungen vorkommen.

Gedächtnistipp

Kramen Sie jeden Tag in Ihrem Gedächtnis nach drei Sprichwörtern und Redewendungen und schreiben Sie sie auf.

Zungenbrecher

Lesen Sie diese Zungenbrecher vor und lassen Sie sie so schnell wie möglich nachsprechen.

- Hinter Helene Hebbels Hundehütte hängen hundert Hemden raus.
- Hinter Hertas Hexenhaus helfen hundert hutzlige Hexen Helden zu hexen. Hundert hutzlige Hexen helfen Helden zu hexen hinter Hertas Hexenhaus.
- Hätte Hänschen Hans Holzhacken hören, hätte Hänschen Hans Holzhacken geholfen.
- Hinter Hampelmanns Halbhaus hab' ich hundert Hornochsen husten hören.
- Hinterm hohen Haus hört Hermine Hermanns halbvollen Henkelmann hinterher hoppeln.
- Hinter Hubert Haspelmeiers Hecke hocken hungrige Hinterwäldler.

Weitere Ideen

- Die Teilnehmenden nennen bekannte Zungenbrecher.
- Lassen Sie lustige Sätze bilden, bei denen möglichst viele Wörter mit „H" beginnen.
- Bewegung mit Zungenbrechern: Jeweils beim 1. Wort zeigen die Teilnehmenden mit beiden Händen auf den Kopf, beim 2. Wort auf die Füße, beim 3. Wort auf die Brust, beim 4. Wort auf die Knie. Beim 5. Wort werden beide Hände zur Decke gestreckt; dann wieder von vorn.

Scherzfrage

Wenn die Kuckucksuhr zwölfmal schlägt und gleichzeitig das Fenster zufliegt, was ist das? *(Zufall)*

Gedächtnistipp

Wenn Sie die Namen neuer Bekannten leicht vergessen, lassen Sie sich bei der ersten Begegnung immer den Vornamen und den Nachnamen sagen und sprechen Sie die Person im Laufe des Gespräches immer wieder mit Namen an.

Opa fragt eine Nachbarin

Lesen Sie diese Sätze vor und lassen Sie die Teilnehmenden die Möbel nennen, die entstehen, wenn die Anfangsbuchstaben der Wörter zusammengesetzt werden.

- Opa fragt eine Nachbarin. *(Ofen)*
- Berta erntet tolle Tomaten. *(Bett)*
- Senta orgelt für Anton. *(Sofa)*
- Sieglinde erwirbt Siegfrieds sensationelle ellenlange Latzhose. *(Sessel)*
- Schüler reden an Nachmittagen Kauderwelsch. *(Schrank)*
- Theo isst Sofies Chinakohl halbherzig. *(Tisch)*
- Samstags trainieren unsere holden Hausfrauen. *(Stuhl)*
- Hermine entdeckt richtige Diamanten. *(Herd)*
- Wenn Anton sein Cello hält, macht Alfred seine Celloübungen hartnäckig im neuen Esszimmer. *(Waschmaschine)*
- Tapfere Inselbewohner sind charmant. *(Tisch)*
- Seltsame Trottel unterschreiben heute Lottoscheine. *(Stuhl)*

Weitere Ideen

- Reihum bilden die Teilnehmer einen Satz mit einem Haushaltsgegenstand und alle anderen finden heraus, um welchen Gegenstand es sich handelt.
- Die Teilnehmenden bilden mit ihren Sätzen Reime. Beispiele: *Opa fragt die Nachbarin mit aufgestütztem Kinn.*

Tipps

Wenn Sie Möbel nennen, um mit den Buchstaben Sätze zu bilden, wählen Sie zunächst Gegenstände mit drei oder vier Buchstaben bevor Sie längere Wörter wählen.

Gedächtnistipp

Sagen Sie jeden Tag ein Gedicht auf, dass Sie in der Schule gelernt haben oder lernen Sie ein neues Gedicht.

Nette Nachbarn

Die Teilnehmenden finden heraus, um welche netten Nachbarn es sich hier handelt und ergänzen die Begriffe.

- Eigen*(brötler)*
- Besser*(wisser)*
- Stink*(stiefel)*
- Leise*(treter)*
- Party*(löwe)*
- Spaß*(vogel)*
- Plauder*(tasche)*
- Drücke*(berger)*
- Tratsch*(tante)*
- Stuben*(hocker)*
- Schürzen*(jäger)*
- Mecker*(ziege)*
- Pantoffel*(held)*
- Quassel*(strippe)*
- Pfennig*(fuchser)*
- Erbsen*(zähler)*

Weitere Ideen

- Lassen Sie weitere Namen für nette und nicht nette Nachbarn nennen. *Bürohengst, Trittbrettfahrer, Grünschnabel, Zimtziege, Meckerfritze, Ulknudel, Prahlhans, …*
- Die Teilnehmenden erinnern sich an nette und nicht nette Nachbarn und ihre Namen.
- Alle versuchen, sich mindestens einen genannten Namen von jedem Teilnehmenden zu merken.
- Die Teilnehmenden nennen zu jedem Nachbarn eine Eigenschaft, die mit dem gleichen Buchstaben beginnt. Beispiel: *Emsiger Eigenbrötler, typische Tratschtante, …*
- Lassen Sie reihum Sätze bilden, die einen „netten Nachbarn" enthalten. Beispiel: *Im Treppenhaus treffen sich die Tratschtanten.*

Gedächtnistipp

Trainieren Sie immer und überall Ihre Vorstellungskraft!
Lassen Sie zum Beispiel am Abend noch einmal alle Menschen vor Ihrem geistigen Auge erscheinen, denen Sie am Tag begegnet sind und zwar so genau wie möglich.

Knusper, Knusper Knäuschen, ...

Die Teilnehmenden finden zu diesen Umschreibungen die passenden Märchenhäuser.

- In mir lebt eine sehr böse Frau. *(Hexenhaus, Knusperhäuschen)*
- Sieben kleine Leute mit Zipfelmütze sind hier zuhause. *(Zwergenhaus aus „Schneewittchen")*
- Zu mir kommt ein Mädchen mit einem Korb voller Kuchen und Wein. *(Haus der Großmutter aus „Rotkäppchen")*
- Räuber haben sich hier versteckt und werden gestört von einigen Tieren. *(Das Räuberhaus im Wald aus „Die Bremer Stadtmusikanten")*
- Sieben Kinder leben mit ihrer Mutter hier. Sie sind allein und bekommen Besuch. *(Das Haus der 7 Geißlein)*
- Hier werden die Betten fleißig geschüttelt. *(Haus der Frau Holle)*
- Braune Brote werden aus mir herausgezogen. *(Backhaus aus „Frau Holle")*
- Ein kleines Häuschen eines Fischers wird in ein Schloss verwandelt. *(Der Fischer und seine Frau)*

Weitere Ideen

- Die Teilnehmenden nennen Wörter, in denen die Buchstaben H A U S in beliebiger Reihenfolge vorkommen. Beispiele: *Schauer, Sachbuch, Schauspiel, Hautcremes, Ausfahrt, ...*
- Lassen Sie aus den Buchstaben des Wortes „MÄRCHENHAUS" neue Wörter bilden: *Arm, Reh, Hahn, Uhr, Maus, Mähne, suchen, Sachen, machen, Rachen, rächen, Hase, Sahne, Rauch, ...*
- Es werden weitere Märchen genannt, in denen Häuser und Schlösser vorkommen. *Dornröschen – Der Froschkönig – Schneewittchen – Aschenputtel ...*
- Lassen Sie Umschreibungen zu diesen Häusern kreieren.

Gedächtnistipp

Erfinden Sie öfter mal eine fantasievolle und lustige Geschichte. Stellen Sie sich vor, wie Sie diese Geschichte einer Freundin erzählen und Sie beide lachen.

Geräusche im Haus

Die Teilnehmenden nennen zu den Tätigkeiten einen Ort, der mit dem gleichen Buchstaben beginnt.

- Schnarchen im *(Schlafzimmer)*
- Flüstern im *(Flur)*
- Klappern in der *(Küche)*
- Wettern im *(Wohnzimmer)*
- Kichern im *(Kinderzimmer)*
- Blubbern im *(Badezimmer)*
- Grummeln in der (Garage)
- Tratschen im *(Treppenhaus)*
- Klatschen im *(Keller)*
- Bibbern auf dem *(Boden)*
- Meckern im *(Musikzimmer)*
- Trällern auf der *(Terrasse)*
- Gurren im *(Garten)*

Weitere Ideen

- Sie sagen den Raum und die Teilnehmenden nennen ein Geräusch, das mit dem gleichen Buchstaben beginnt.
- Lassen Sie Geräusche im Haus nennen: *Klirren von Geschirr, Anzünden eines Streichholzes, Ziehen eines Korkens, Kochen von Wasser, Surren des Mixers, Rauschen der Toilettenspülung, …*
- Die Teilnehmenden nennen Geräusche von A–Z.
- Die Teilnehmenden beschreiben Geräusche oder machen eine Pantomime und die anderen erraten, um welches Geräusch es sich handelt.

Gedächtnistipp

Stellen Sie das, was Sie nicht vergessen wollen mitzunehmen, direkt vor die Tür.

Auf der Mauer, auf der Lauer …

Heute geht es um ungeliebte Haustiere.

Singen Sie mit den Teilnehmenden dieses Lied über ein ungeliebtes Haustier und lassen Sie den Takt mit den Händen klatschen und mit den Füßen trampeln.

Auf der Mauer, auf der Lauer
sitzt 'ne kleine Wanze.
Seht euch mal die Wanze an,
wie die Wanze tanzen kann.
Auf der Mauer, auf der Lauer
sitzt 'ne kleine Wanze.

Auf der Mauer, auf der Lauer
sitzt 'ne kleine Wanz.
Seht euch mal die Wanz an,
wie die Wanz tanzen kann.
Auf der Mauer, auf der Lauer
sitzt 'ne kleine Wanz.

Weitere Ideen

- Die Teilnehmenden nennen weitere Lieder, in denen Tiere vorkommen. *Fuchs, du hast die Gans gestohlen/Alle meine Entchen/Kuckuck, Kuckuck ruft's aus dem Wald …*
- Lassen Sie reihum ungeliebte „Haustiere“ nennen und alle merken sich die Reihenfolge der Tiere (wie beim Spiel „Kofferpacken“): *Hausmaus, Motte, Mücke, Fliege, Floh, Wanze, Silberfischchen, Milben, Ameisen, Käfer, Mehlwürmer, Kellerassel, Spinne, Ratte, …*

Gedächtnistipp

Hängen Sie einen Jahreskalender mit den wichtigen Geburtstagen und Terminen an die Wand im Schlafzimmer, die Sie morgens sofort sehen, wenn Sie aufstehen.

Sich ins gemachte Nest setzen

Die Teilnehmenden ergänzen diese Sprichwörter und Redewendungen.

Trautes Heim *(Glück allein).*
Heim und Herd sind *(Goldes wert).*
Im Wolken*(kuckucksheim leben).*
Drum prüfe, wer sich *(ewig bindet, ob sich Herz zu Herzen findet).*

Ins Wespennest *(stechen).*
Eigen Nest, hält wie eine *(Mauer fest).*
Durch Geschwätz verrät die Elster *(ihr Nest).*
Auf des heiligen Peters Fest, sucht der *(Storch sein Nest).*
Wenn Jacobi tagt, werden die jungen Störche *(vom Nest gejagt).*

Weitere Ideen

- Reihum sagen die Teilnehmenden die erste Hälfte eines Sprichwortes und die anderen Mitspielenden ergänzen die Sprichwörter.
- Sie nennen den zweiten Teil der Sprichwörter und die Teilnehmenden nennen den ersten Teil.
- Was gehörte in der Jugendzeit zu einem gemachten Nest?
  Ein gemachtes Nest: voll eingerichtete Wohnung oder Haus, Wäsche, Geschirr, Bankkonto, …

Scherzfrage

Welcher Wurm hat menschliche Gestalt? *(Bücherwurm)*

Gedächtnistipp

Gehen Sie in Gedanken einkaufen und stellen Sie sich die Dinge vor, wie sie in Ihrem Zimmer herumliegen oder hängen.

Alles Haustiere

Die Teilnehmenden ergänzen diese Wörter mit den passenden Tiernamen.

- Schäfer*(hund)*
- Wellen*(sittich)*
- Papa*(gei)*
- Gold*(hamster, fisch)*
- Schild*(kröte)*
- Siam*(katze)*
- Kanarien*(vogel)*
- Meer*(schweinchen)*
- Kan*(inchen)*
- Cocker*(spaniel)*

Weitere Ideen

- Nennen Sie ein Tier und die Teilnehmenden nennen ein passendes Vorwort.
- Lassen Sie reihum Haustiere nennen und alle merken sich die Reihenfolge der Tiere (wie beim Spiel „Kofferpacken").
- Die Teilnehmenden bilden reihum Sätze mit einem Haustier, indem sie das Tier beschreiben (Farbe, Eigenschaft, Futter, Herkunftsland)
- Die Teilnehmenden nennen Tiere, die durch Fernsehsendungen oder Filme berühmt geworden sind: *Hund Lassie, Pferd Fury, Delfin Flipper, Elefant Benjamin Blümchen, …*
- Die Teilnehmenden nennen berühmte Tiere in der Literatur: *Wal Moby Dick Roman von H. Melville/Schildkröte Kassiopeia aus „Momo" von Michael Ende …*
- Lassen Sie Redewendungen mit Haustieren nennen: *bei dem Wetter jagt man keinen Hund vor die Tür/zwei Fliegen mit einer Klappe schlagen/das pfeifen die Spatzen von den Dächern …*

Scherzfrage

Welches ist das stärkste Tier?
(Die Schnecke; sie trägt ihr Haus)

Gedächtnistipp

Machen Sie öfter einmal etwas ganz anders. Putzen Sie zum Beispiel Ihre Zähne mit links oder nehmen Sie ein Buch mit der linken Hand aus dem Regal.

Hausmann und Ehemann

Die Teilnehmenden erraten aufgrund der Umschreibungen, um welchen Mann es geht.

- Er ist weiß und liebt den Winter. *(Schneemann)*
- Er ist immer unterwegs und passt auf, vor allem nachts. *(Wachmann)*
- Er ist keine Hausfrau, aber sehr im Haus beschäftigt. *(Hausmann)*
- Er ist von bestimmter Farbe und aus einem bestimmten Stoff. *(Blaumann)*
- Früher wurde er gefüllt zur Arbeit mitgenommen. *(Henkelmann)*
- Er steigt in die Tiefen und kommt geschwärzt wieder hoch. *(Bergmann)*
- Er erfreut die Kinder mit einer süßen Leckerei in einer Tüte. *(Eismann)*
- Er kommt abends für die Kinder und hat ein kleines Säckchen bei sich. *(Sandmann)*
- Er spielt in den Straßen Musik und dreht und dreht. *(Leierkastenmann)*
- Er steckt in der Jackentasche und wird ab und zu herausgezogen. *(Flachmann)*

Weitere Ideen

- Die Teilnehmenden nennen weitere Wörter, die mit „mann" enden: *Eiermann, Milchmann, ...* Lassen Sie Wörter nennen, vor die man Männer setzen kann: *Runde, Verein, Mode, ...*
- Lassen Sie Lieder singen oder summen in denen ein Mann vorkommt. Die anderen Teilnehmer erraten die Liedertitel. *Ein Jäger aus Kurpfalz – Es kommt der Eiermann ...*
- Lassen Sie aufzählen, welche Frauen es gibt: *Hausfrauen, Fachfrauen, Karrierefrauen, ...*
- Lassen Sie Begriffe nennen, die mit Frau beginnen: *Frauenpower, Frauenhaus, Frauenmantel, ...*
- Lassen Sie andere Begriffe für Frauen nennen: *Dame, Gemahlin, Weggefährtin, bessere Hälfte, Angetraute, ...*

Scherzfrage

In welche Gläser kann man am besten einschenken? *(In leere Gläser)*

Gedächtnistipp

Seien Sie öfter mal kreativ. Basteln Sie etwas oder malen Sie ein Bild.

Berufe rund ums Haus

Die Teilnehmenden ergänzen die folgenden Berufe. Nennen Sie den zweiten Teil und die Teilnehmenden ergänzen den ersten Teil.

- *(Schornstein)*feger
- *(Dach)*decker
- *(Möbel)*packer
- *(Fliesen)*leger
- *(Kammer)*jäger
- *(Strom und Gas)*ableser
- *(Fassaden)*reiniger
- *(Zimmer)*mann
- *(Fenster)*putzer
- *(Wand)*maler
- *(Raum)*ausstatter
- *(Haus)*meister
- *(Kamin)*bauer
- *(Haus)*wirtschafterin

Weitere Ideen

- Nennen Sie den ersten Teil des Berufes und die Teilnehmenden nennen den zweiten Teil.
- Lassen Sie weitere Berufe rund ums Haus nennen: *Gärtner, Installateur, Klempner, ...*
- Lassen Sie Berufe beschreiben und erraten.
- Lassen Sie Berufe pantomimisch darstellen und erraten.
- Die Teilnehmenden erzählen Erlebnisse mit einem der Berufe.
- Die Teilnehmenden nennen Berufe von A–Z. Beispiele: *Arzt, Bäcker, Chemiker, ...*

Scherzfrage

Vor wem muss jeder seinen Hut abnehmen? *(Frisör)*

Gedächtnistipp

Seien Sie kreativ! Wenn Sie einen Gegenstand in die Hand nehmen, überlegen Sie, was Sie noch alles damit machen könnten. Eine Zeitung zum Beispiel können Sie nicht nur lesen, sondern auch zum Fensterputzen verwenden, nasse Schuhe ausstopfen, zusammenfalten und unter ein Tischbein legen, damit der Tisch nicht mehr wackelt, Kasperlepuppen basteln, ...

Fensterln

Die Teilnehmenden ergänzen diese Zitate und Sprichwörter.

- Wo eine liebe Frau im Haus, dort lacht die Freude zum *(Fenster hinein). Hildegard von Bingen*
- Die Augen sind die *(Fenster der Seele). Sprichwort*
- Wer trübe Fenster hat, dem erscheint alles *(grau). F. M. Dostojevski*
- Lässt man Klatschbasen an der Tür stehen, kommen sie durchs *(Fenster herein). Gottfried Keller*
- Wer offene Türen einrennt, braucht nicht zu fürchten, dass ihm die *(Fenster eingeschlagen werden). Karl Kraus*
- Eine Angewohnheit kann man nicht aus dem Fenster werfen; man muss sie die Treppe hinunter *(prügeln, Stufe für Stufe). Mark Twain*

Weitere Ideen

- Es werden reihum Begriffe mit „Fenster" genannt: *Fensterscheibe, Fensterbank, …*
- Es werden weitere Dinge genannt, die quadratisch sein können, wie: *Würfel, Tisch, Zimmer, Tischdecke, Bierdeckel, Lichtschalter, Gemälde, Bilderrahmen, …*
- Lassen Sie andere Wörter für Fenster nennen: *Dachluke, Ausguck, Guckloch, …*
- Die Teilnehmenden nennen Sprichwörter, Redewendungen und Zitate mit dem „Fenster": *weg vom Fenster sein/das Auge ist das Fenster zur Seele/das Geld zum Fenster hinauswerfen …*
- Die Teilnehmenden malen ein quadratisches Fenster erst mit der linken und dann mit der rechten Hand in die Luft.

Scherzfrage

Welcher Läufer wird nie müde? *(Teppichläufer)*

Gedächtnistipp

Spielen Sie öfter ABC-Spiele. Das heißt, finden Sie zu einem bestimmten Thema (Pflanzen, Tiere, Obst, Gemüse, Farben, Städte, Materialien, …) Wörter zu möglichst vielen Buchstaben des Alphabetes.

Schloss – Klavier – Fenster

Zu jeweils 3 Begriffen gehört ein gemeinsames Nachwort.
Beispiel: Fenster – Klavier – Schloss. Das Nachwort ist „Flügel". Lesen Sie jeweils 3 Begriffe vor und die Teilnehmenden nennen das Nachwort.

Fuß – Ofen – Garten *(Bank)*
Ohren – Cocktail – Polster *(Sessel)*
Haus – Schrank – Ofen *(Tür)*
Rosen – Opfer – Bienen *(Stock)*
Decken – Taschen – Fahrrad *(Lampe)*
Zucker – Blech – Tee *(Dose)*
Hand – Geschirr – Kopf *(Tuch)*
Ferien – Schnecken – Wetter *(Haus)*
Winter – Stein – Bauern *(Garten)*
Haus – Schall – Klage *(Mauer)*

Tee – Kaffee – Sammel *(Tasse)*
Couch – Küchen – Garten *(Tisch)*
Mantel – Ofen – Studenten *(Futter)*
Brillen – Wein – Fenster *(Glas)*
Platten – Kleider – Wand *(Schrank)*
Frauen – Bein – Sommer *(Kleid)*
Ehe – Schnee – Haus *(Mann)*
Hals – Kopf – Taschen *(Tuch)*
Werkzeug – Kohlen – Bier *(Kasten)*
Fluss – Kinder – Ehe *(Bett)*

Weitere Ideen

- Nennen Sie ein Nachwort und die Teilnehmenden nennen das Vorwort.
- Nennen Sie ein Vorwort und die Teilnehmenden bilden reihum Wörter, die mit diesem Wort beginnen. Beispiel: *Wetter: Wetterfrosch, Wetterhäuschen, Wettervorhersage, …*
- Die Teilnehmenden bilden reihum Sätze mit den 3 Begriffen.
- Die Teilnehmenden nennen reihum weitere Nachwörter und die anderen nennen die Vorwörter.

Scherzfrage

Es hat zwei Eingänge, und wenn man mit den Füßen schon draußen ist, ist man erst richtig drinnen. *(Die Hose)*

Gedächtnistipp

Hören Sie öfter mal eine Geschichte oder ein Hörspiel im Radio oder hören Sie eine CD und drehen Sie in Gedanken einen Film. Das stärkt Ihre Vorstellungskraft und ihr Gedächtnis.

Seltsame Hausbewohner

Nennen Sie die Gegenstände und die Teilnehmenden ergänzen den zweiten Teil des „Berufes".

- Korken*(zieher)*
- Licht*(schalter)*
- Torten*(heber)*
- Teppich*(kehrer)*
- Fliegen*(fänger)*
- Teppich*(klopfer)*
- Topf*(kratzer)*
- Flaschen*(öffner)*
- Fleisch*(klopfer)*
- Strom*(zähler)*
- Grill*(anzünder)*
- Flaschen*(öffner)*
- Handtuch*(halter)*
- Schuh*(anzieher)*
- Geschirr*(spüler)*
- Tropfen*(fänger)*
- Teig*(schaber)*
- Kartoffel*(schäler)*
- Seifen*(spender)*
- Eier*(schneider)*
- Kartoffel*(stampfer)*
- Haar*(trockner)*
- Rasen*(mäher)*
- Tür*(öffner)*

Weitere Ideen

- Nennen Sie jeweils den zweiten Teil des Wortes, zum Beipsiel *„zieher"* und die Teilnehmenden nennen den Gegenstand: *Korken*
- Lesen Sie die erste Spalte der seltsamen Hausbewohner vor und die Teilnehmenden merken sie sich (möglichst in der genannten Reihenfolge).
- Die Teilnehmenden nennen echte Berufe mit dem gleichen Anfangsbuchstaben. Beispiel: *Korkenzieher – Kohlenhändler*
- Lassen Sie diese Berufe pantomimisch darstellen und erraten.

Gedächtnistipp

Schreiben Sie jeden Tag einen Text aus der Zeitung, einen Spruch oder ein Gedicht mit der linken Hand (wenn Sie Rechtshänder sind) ab. Das stärkt die Konzentration und die rechte Gehirnhälfte.

Hund und Katze

Lesen Sie den Teilnehmenden dieses Gedicht von Wilhelm Busch vor und lassen Sie die Reimwörter nennen.

Hund und Katze
Miezel, eine schlaue Katze,
Molly, ein begabter Hund,
Wohnhaft an dem selben *(Platze)*,
Hassten sich aus Herzens*(grund)*.
Schon der Ausdruck ihrer Mienen,
Bei gesträubter Haarfrisur,
Zeigt es deutlich: zwischen *(ihnen)*
Ist von Liebe keine *(Spur)*.
Doch wenn Miezel in dem Baume,
Wo sie meistens hin entwich,
Friedlich dasitzt wie im *(Traume)*,
Dann ist Molly außer *(sich)*.
Beide lebten in der Scheune,
Die gefüllt mit frischem Heu.
Alle beide hatten *(Kleine)*,
Molly zwei und Miezel drei.

Weitere Ideen

- Die Teilnehmenden ergänzen die unterstrichenen Wörter des Gedichtes.
- Lesen Sie das Gedicht langsam noch einmal vor und die Teilnehmenden merken sich möglichst viele Einzelheiten.
- Die Teilnehmenden schlüpfen in die Rolle von Miezel, Molly oder einem anderen Haustier und erzählen von sich in der „Ich-Form“.

Gedächtnistipp

Spielen Sie öfter Spiele wie Karten, Schach, Bridge, Halma, Mühle oder andere Gesellschaftsspiele.

Der goldene Schlüssel – Märchen der Gebrüder Grimm

Lesen Sie diesen Märchentext aus: „Der goldene Schlüssel“ von den Gebrüdern Grimm vor und die Teilnehmenden merken sich möglichst viele Einzelheiten.

Zur Winterszeit als einmal ein tiefer Schnee lag, musste ein armer Junge hinausgehen und Holz auf einem Schlitten holen. Wie er es nun zusammengesucht und aufgeladen hatte, wollte er, weil er so erfroren war, noch nicht nach Haus gehen, sondern erst ein Feuer machen und sch ein wenig wärmen. Da scharrte er den Schnee weg und wie er so den Erdboden aufräumte, fand er einen kleinen goldenen Schlüssel. Nun glaubte er, wo der Schlüssel wäre, müsste auch das Schloss dazu sein. Er grub in der Erde und fand ein kleines Kästchen. „Wenn der Schlüssel nur passt!“ dachte er. „Es sind bestimmt kostbare Sachen in dem Kästchen. ...

Weitere Ideen

- Die Teilnehmenden erzählen gemeinsam einen fantasievollen Schluss des Märchens.
- Lassen Sie aufzählen, welche Schlüssel es gibt: *Hausschlüssel, Zimmerschlüssel, ...*
- Die Teilnehmenden nennen weitere „Schlüsselwörter“: *Schlüsselbund, Schlüsselbart, ...*
- Schlüssel und Schloss beginnen mit den gleichen Buchstaben. Lassen Sie von den Teilnehmenden reihum (zu jedem Buchstaben des Alphabetes) jeweils zwei Dinge im Haus nennen, die mit den gleichen Buchstaben anfangen: *Antenne – Aufnehmer/ Buch – Blumentopf*

Gedächtnistipp

Lesen Sie einen Text in einem Buch oder in der Zeitung und schreiben Sie eine Stunde später alle Dinge auf, an die Sie sich noch erinnern.

In meiner Badewanne bin ich Kapitän

Die Teilnehmenden ergänzen diese Redewendungen rund ums Baden.

- Das Kind mit dem *(Bade ausschütten).*
- Ein Bad in der *(Menge nehmen).*
- Du bist wohl als Kind zu *(heiß gebadet worden).*
- In Schweiß *(gebadet sein).*
- Wasch mir den Pelz *(aber mach' mich nicht nass).*
- Mit allen Wassern *(gewaschen sein).*
- Viel Schaum *(schlagen).*

Weitere Ideen

- Sagen Sie den zweiten Teil der Redewendungen und die Teilnehmenden nennen den ersten Teil.
- Die Teilnehmenden nennen Orte, an denen man ein erfrischendes Bad nehmen kann außer in der heutigen Badewanne: *Zinkbadewanne, Holzzuber, im Meer, im See, im Fluss, im Teich, im Weiher, im Swimmingpool, Freibad, im Hallenbad, im Wirlpool ...*
- Lassen Sie das Baden in der Kindheit beschreiben.

Scherzfrage

Warum ist ein Kreuzworträtsel wie ein Streit? *(ein Wort gibt das andere)*

Gedächtnistipp

Lesen Sie Ihre Zeitung einmal anders. Zählen Sie, während Sie lesen, einen bestimmten Buchstaben im Text, zum Beispiel das „e". Anschließend nehmen Sie einen Stift, lesen noch einmal und unterstreichen alle vorkommenden „e". Diese Übung stärkt Ihre Konzentration und damit auch Ihr Gedächtnis.

Bettgeflüster

Lesen Sie dieses Bettgedicht vor und die Teilnehmer merken sich die vorkommenden Dinge.

Ich lieg im Bett
und es ist nett.
Ich lese mal ein Buch
auf dem geblümten Tuch.
Ich schreibe einen Brief,
doch alle Zeilen werden schief.

Erst hör' ich feine Töne,
Als ob sich jemand föne.
Dann spielt ein leises Klavier,
bis morgens um vier.
Ich schlafe ein,
fast bei Sonnenschein.

Weitere Ideen

- Lassen Sie Vierzeiler reimen, in denen das Bett vorkommt.
- Die Teilnehmenden tragen ihre Vierzeiler reihum vor und die Gruppe spricht sie nach.
- Die Teilnehmenden bilden reihum „Bettsätze" und spielen „Kofferpacken" mit den Bettsätzen.
- Die Teilnehmenden nennen weitere „Bettwörter": *Bettgeflüster, Bettzeug, Flussbett, Nagelbett, ...*
- Lassen Sie Wörter nennen, die sich auf „Bett" oder „Betten" reimen: *nett, fett, Ketten, Kletten, ...*
- Lassen Sie Redewendungen und Sprichwörter nennen, in denen ein Bett vorkommt: *Sich ins gemachte Bett legen, das Bett hüten müssen, ans Bett gefesselt zu werden, ...*

Gedächtnistipp

Wenn Sie die Namen neuer Bekannten leicht vergessen, achten Sie auf besondere Merkmale der Person und bauen Sie Eselsbrücken. Schreiben Sie den Namen und die Besonderheiten sobald wie möglich in ein Notizbuch.

Merkwürdiger Umzug

Bei diesem Umzug werden die Dinge nicht je nach Zimmer in eine Kiste gepackt, sondern nach den Namen der Dinge. Auf den Kisten steht: einsilbig, zweisilbig, dreisilbig oder mehrsilbig. Öffnen Sie zunächst die Kiste mit der Aufschrift „Einsilbig“ und die Teilnehmenden packen reihum die Kiste mit einsilbigen Gegenständen (wie beim „Kofferpacken“).

Einsilbig *Topf, Schrank, Tisch, Stuhl, Bank, Herd, Uhr, Bild, Bett, Hut, Kleid, Rock, Ring, Buch, Hemd, Schal, …*

Zweisilbig *Löffel, Gabel, Messer, Besteck, Lampe, Kissen, Teppich, Vase, Backblech, Schüssel, Teller, Tasse, Gläser, Pfeifen, Flaschen, Strümpfe, Socken, Jacke, Tasche, Koffer, Schuhe, Mütze, Schürze, …*

Dreisilbig *Schneebesen, Kuchenform, Bratpfanne, Pullover, Rührlöffel, Stricknadeln, Nähkästchen, Wandbehang, Schuhkarton, Wärmflasche, …*

Mehrsilbig *Unterteller, Suppenkelle, Aquarium, Aschenbecher, Bettvorleger, Nachttischlämpchen, Kissenbezüge, Geschirrtücher, Bademantel, …*

Weitere Ideen

- Lassen Sie die Teilnehmenden Orte von A–Z nennen, wohin der Umzugswagen fährt: *Aachen, Bremen, Celle, Dresden, Essen, Frankfurt, Gießen, Hameln, Iserlohn, Jena, Kassel, Leipzig, …*
- Lassen Sie Wagen nennen, in denen man Umzugskisten transportieren kann. Die Teilnehmenden beginnen mit dem Möbelwagen und nennen reihum weitere Wagen: *Handwagen, Leiterwagen, Kutschwagen, Planwagen, Eisenbahnwagen, Lastwagen, …*

Gedächtnistipp

Nehmen Sie eine Zeitschrift, schlagen Sie sie auf und prägen Sie sich möglichst viele Bilder ein. Klappen Sie die Zeitschrift zu und erinnern Sie sich am Abend daran.

Wie geht's? Wie steht's?

Lassen Sie die fehlenden Wörter in diesen Sätzen ergänzen.

- Wir gehen nach *(Hause)*.
- Die Menschen gehen auf die *(Barrikaden)*.
- Er geht vor die *(Hunde)*.
- Das Kind geht in die *(Schule, Klavierstunde …)*.
- Männer gehen zum *(Angriff)* über.
- Paare gehen durch dick *(und dünn)*.
- Wir gehen am Abend ins *(Bett, Theater)*.
- Kläger gehen in die *(Berufung)*.
- Wir gehen mit der *(Zeit)*.
- Frauen gehen mit der *(Mode)*.

Weitere Ideen

- Lassen Sie weitere Redewendungen und Sprichwörter mit „gehen" nennen: *in die Wicken gehen/wie auf Eiern gehen/jmd. auf den Keks gehen/jemandem um den Bart gehen.*
- Die Teilnehmenden nennen reihum eine Redewendung oder ein Sprichwort mit „gehen" und alle merken sie sich möglichst in der genannten Reihenfolge.
- Lassen Sie Redewendungen und Sprichwörter mit „stehen" nennen: *sich die Beine in den Bauch stehen/alles stehen und liegen lassen/allein auf weiter Flur stehen/an erster Stelle stehen …*
- Nennen Sie die unterstrichenen Wörter der Redewendungen und die Teilnehmenden nennen die passende Redewendung.
- Klären Sie mit den Teilnehmenden die Bedeutung der Redewendungen und Sprichwörter.

Scherzfrage

Wer hat sein Herz im Kopf? *(Kopfsalat)*

Gedächtnistipp

Lernen Sie eine neue Fähigkeit, zum Beispiel ein Musikinstrument oder eine Fremdsprache. Es geht nicht um Perfektion, sondern darum, das Gehirn regelmäßig zu aktivieren.

Das bisschen Haushalt

Frühjahrsputz

Lesen Sie diese Rätsel vor.

Ich bin kurz oder lang, bunt oder einfarbig und schütze die Hausfrau. *(Schürze)*

Ich bin meistens gelb, werde oft sehr schmutzig und nass, während mein Besitzer sauber bleibt. *(Gummihandschuhe)*

Ich bin klein, handlich und weich und nehme alles, was ich kriegen kann. *(Staubtuch)*

Ich habe eine lange Schwester, die immer herumwirbelt. *(Staubwedel)*

Ich brauche einen Eimer und Wasser, damit ich loslegen kann. *(Aufnehmer)*

Ich bin bedruckt und werde vielfältig genutzt, vor allem beim Fensterputzen. *(Zeitung)*

Ich bin schwer, mache aber mit Leichtigkeit meinen Untergrund glänzend. *(Bohnerbesen)*

Weitere Ideen

- Geben Sie Tätigkeiten vor, die dann gemeinsam in ein Rätsel verpackt werden. Beispiele: *Fenster putzen, Treppe wischen, Parkett bohnern, Teppich klopfen, ...*
- Lassen Sie die Teilnehmenden vom Frühjahrsputz erzählen.
- Lassen Sie Gegenstände aus der Kindheit nennen, die es heute nicht oder kaum noch gibt und sie dann in Rätsel verpacken. Beispiel: *Hula Hoop: Mich gibt es in vielen Farben. Ich bin in Amerika geboren und in den 50er Jahren nach Deutschland gereist.*

Gedächtnistipp
Schreiben Sie wichtige Dinge auf. Das hilft bei der späteren Erinnerung.

Tolle Omas pfeifen frech

Lesen Sie diese Sätze vor und lassen Sie Küchengegenstände nennen, die entstehen, wenn man die Anfangsbuchstaben der Wörter zusammensetzt.
Beispiel: Tolle Omas pfeifen frech *(Topf)*

Gustav liebt Amalie sehr. *(Glas)*
Udo hasst Ranunkeln. *(Uhr)*
Großvater Anton bringt eine Laterne. *(Gabel)*
Selmas irischer Erbonkel backt. *(Sieb)*
Mein erster schlauer Satz entstand Rosenmontag. *(Messer)*
Lina öffnet Fische für Ellas Laden. *(Löffel)*
Seltsamer Christian übergibt seine seltenen Echsen lachend. *(Schüssel)*
Tante Adelheid sucht schönen Ehering. *(Tasse)*
Paul findet Annas neuen Nagellack entsetzlich. *(Pfanne)*
Bertas endlose Chicoreebeete harkt Emil rasant. *(Becher)*
Konrads eckige Schuhspitzen sind echt lustig. *(Kessel)*
Böse Erben schimpfen erst nachmittags. *(Besen)*

Weitere Ideen

- Lassen Sie lustige Sätze mit weiteren Haushaltsgegenständen bilden, die entstehen, wenn man die Anfangsbuchstaben der Wörter zusammensetzt.

Tipp

Beginnen Sie mit kurzen Wörtern wie *Uhr*, *Sieb*, … bevor Sie Sätze mit den Buchstaben von Bratpfanne, Schneebesen oder Korkenzieher, … bilden lassen.

Gedächtnistipp

Schreiben Sie wichtige Gedanken und Informationen auf Zettel, die Sie in einem Zettelkasten sammeln und immer wieder mal anschauen. Sie können natürlich auch im Computer eine Datei dafür anlegen.

Aus dem Nähkästchen plaudern

Die Teilnehmenden finden heraus, wie diese Redewendungen richtig heißen.

- dünnes *(langes)* Fädchen, rotes *(faules)* Mädchen
- kalt *(doppelt)* genäht hält besser
- aus dem Nähkästchen plappern *(plaudern)*
- mit der doppelten *(heißen)* Nadel nähen
- da beißt keine Ratte *(Maus)* den Faden ab
- den dünnen *(roten)* Faden finden
- die Schraube *(Nadel)* im Misthaufen *(Heuhaufen)* suchen
- das hängt am Plastikfaden *(seidenen Faden)*
- die Schnur *(den Faden)* verlieren
- jemand wird im Nähkästchen *(Stich)* gelassen
- nach Spur *(Strich)* und Strick *(Faden)*
- das ist auf Ecke *(Kante)* genäht

Weitere Ideen

- Die Teilnehmenden beschreiben ihr eigenes Nähkästchen oder andere Kästchen.
- Nennen Sie jeweils einen Begriff aus einer Redewendung und die Teilnehmenden ergänzen.
- Die Teilnehmenden nennen Märchen, Geschichten, Gedichte, in denen etwas genäht oder hergestellt wird:
  Das tapfere Schneiderlein – näht ein Wams/Rumpelstilzchen – Stroh wird zu Gold gemacht/Frau Holle – es wird Brot gebacken/ Dornröschen – Spindel im Turm/...

Scherzfrage

Welcher Hut passt auf keinen Kopf? *(Fingerhut)*

Gedächtnistipp

Suchen Sie jeden Tag 10 Wörter mit einer bestimmten Buchstabenfolge. Beispiele: „ei“, „au“ „ie“ , eh“, „ih“ „oh“, „ck“, „sch“, „st“ „in“, „am“, „an“, „un“, ...

Mit der Brille auf der Nase

Lassen Sie die Teilnehmenden die Reime bei diesem Gedicht nennen.

Mit der Brille auf der Nase
seh' ich aus wie' *(n Osterhase)*.
Mit der Brille auf dem Kopf
schau ich *(in den Topf)*.
Mit der Brille in der Tasche,
stricke ich 'ne *(Masche)*.
Mit der Brille in den Keller,
sonst wird's gar nicht *(heller)*.

Mit der Brille dann im Bad
Ist es mir zu *(fad)*.
Ist die Brille ganz vergessen,
muss ich Möhren *(essen)*.
Ist die Brille auf dem Schrank,
sag ich *(Gottseidank)*.

Weitere Ideen

- Lassen Sie jeweils ein unterstrichenes Wort von den Teilnehmenden ergänzen.
- Lassen Sie Dinge im Haus nennen, die mit „B" beginnen. *Bad, Bett, Bild, Bank, Buch, …*
- Die Teilnehmenden nennen Wörter, die mit „Br" wie Brille anfangen. *Brot, Braten, Brett, …*
- Die Teilnehmenden nennen Wörter, bei denen man das „B" weglassen kann und ein sinnvolles Wort übrig bleibt: *Brille, Brot, Brauch, Brache, Brecht, Braten, Bretter, Braue, Brand, …*
- Nennen Sie Dinge in Haus und Garten und lassen Sie Bewegungen dazu machen. Bei Dingen auf dem Dachboden strecken die Teilnehmenden die Arme dreimal zur Decke. Bei Dingen im Keller stampfen die Teilnehmenden dreimal mit den Füßen auf. Bei Dingen aus anderen Räumen werden die Hände dreimal nach vorn gestreckt und geklatscht.

Gedächtnistipp

Verknüpfen Sie wichtige Tätigkeiten mit festen Gewohnheiten. Legen Sie zum Beispiel die Tabletten, die Sie unbedingt morgens nehmen müssen, neben den Zahnputzbecher.

Hausfrauen – Frauenhaus

Einmal hinten – einmal vorn!
Die Teilnehmenden ergänzen diese Wörter und Begriffe.

Kaffee*(dosen – Dosenkaffee)*
Filter*(kaffee – Kaffeefilter)*
Zucker*(würfel – Würfelzucker)*
Kartoffel*(salat – Salatkartoffel)*
Sahne*(becher – Bechersahne)*
Wurst*(scheiben – Scheibenwurst)*
Kräuter*(tee – Teekräuter)*
Kaffee*(bohnen – Bohnenkaffee)*
Tee*(beutel – Beuteltee)*
Einbau*(küchen – Kücheneinbau)*
Dach*(terrassen – Terrassendach)*
Zimmer*(mädchen – Mädchenzimmer)*

Weitere Ideen

- Lassen Sie die Teilnehmenden weitere Wörter finden, die den Anfang oder das Ende eines zusammengesetzten Begriffes bilden können.
- Die Teilnehmenden merken sich die Wörter in der genannten Reihenfolge. („Kofferpacken")
- Lassen Sie mit den genannten Wörtern, weitere zusammengesetzte Wörter bilden: Beispiel »Zucker« ... *Zuckerdose, Zuckerstange, Zuckertüte, Zuckerrohr, Zuckerrübe, ...*

Gedächtnistipp

Lesen Sie Ihre Zeitung einmal anders. Zählen Sie, während Sie lesen alle Hauptwörter (Tätigkeiten, Eigenschaften) im Text. Anschließend nehmen Sie einen Stift, lesen noch einmal und unterstreichen alle vorkommenden Hauptwörter usw. Diese Übung stärkt Ihre Konzentration und damit auch Ihr Gedächtnis.

Schürze – Mütze – Topf

Zu jeweils 3 Begriffen gehört ein gemeinsames **Vorwort**.
Beispiel: Schürze – Mütze – Topf *(Koch)*. Lesen Sie jeweils 3 Begriffe vor und die Teilnehmenden nennen das Vorwort.

Tür – Mann – Frau *(Haus)*
Zipfel – Band – Jäger *(Schürzen)*
Rohr – Tür – Bank *(Ofen)*
Mann – Fach – Kugel *(Eis)*
Fänger – Klatsche – Schrank *(Fliegen)*
Sahne – Klatsch – Tafel *(Kaffee)*
Sessel – Glas – Kirsche *(Cocktail)*
Uhr – Schrank – Bild *(Wand)*
Kasten – Schublade – Korb *(Besteck)*

Schrank – Bügel – Sack *(Kleider)*
Maschine – Schrank – Herd *(Küchen)*
Form – Platte – Stück *(Kuchen)*
Bank – Boden – Rücken *(Fuß)*
Tisch – Dose – Tasse *(Tee, Kaffee)*
Löffel – Grün – Schüssel *(Suppen)*
Flusen – Fransen – Klopfer *(Teppich)*
Muster – Kleister – Rolle *(Tapeten)*
Vase – Topf – Gesteck *(Blumen)*

Weitere Ideen

- Die Teilnehmenden bilden reihum Sätze mit den 3 Begriffen.
- Nennen Sie ein Vorwort und die Teilnehmenden nennen die Nachwörter.
- Die Teilnehmenden nennen reihum jeweils ein weiteres Vorwort und die anderen nennen die Nachwörter.

Scherzfrage

Aus welchen Gläsern kann man nicht trinken? *(aus leeren Gläsern und aus Brillengläsern)*

Gedächtnistipp

Legen Sie einen Notizblock oder ein Notizbuch und einen Stift neben das Telefon, um wichtige Informationen und Gedanken sofort aufzuschreiben.

Alles versteckt

Lesen Sie diese Wörter mindestens zweimal ganz langsam und deutlich vor. Die Teilnehmenden nennen die Wörter, die versteckt sind.

Haus – Dach – Teppich – Teller – Marmelade – Bleistift – Spaten – Garten – Pfanne – Herde – Kasten – Decke – Klopfer – Schrauben – Hammer – Platten – Brille – Kommode – Torte – Zimmer – Kammer – Kartoffel – Couchgarnitur – Sammeltasse – Fensternische – Flaschenöffner – Blumenschmuck – Schrankecke – Plattenspieler – Bilderrahmen – Fensterleder – Vogelbauer – Pflaumenschnaps – Teppichklopfer – Pfannenwender – Kaffeetasse – Porzellandose – Küchenzeile – Mülleimer – Heckenschere – Kohlenschütte – Kohlenkasten – Tapetenkleister – Fliegenfänger – Möbelpacker – Raumausstatter – Schornstein – Dachdecker – Tortenheber – Henkelmann – Blaumann – Tauchsieder – Bohnerbesen – Korkenzieher …

Weitere Ideen

- Sagen Sie ein Wort und die Teilnehmenden nennen einen Begriff, in dem dieses Wort versteckt ist: ich: *Stich, Wicht, Gicht, …*/ein: *Wein, Stein, …*/sie: *Sieb, Fantasie, …*/lau: *laufend, Schlaufe, klauen, …*/ Eis: *Reis, Preis, Reise, Meise, …*/Ente: *Rente, Studenten, …*
- Die Teilnehmenden nennen reihum Wörter, in denen ein anderes Wort versteckt ist.
- Sagen Sie reihum Sätze mit versteckten Wörtern und die Teilnehmenden nennen diese Wörter.

Die Schaus*teller* kommen jedes Jahr.
Ottos Gabe lautete: 100 Deck*eleimer*.
Ich *werde* dir *eine* Haube *senden*.

Du schellst ein*fach* bei Bad*er*mann.
Wenig Laster fahren in *Ei*dinghausen.
Komm her du Schluri.

Scherzfrage
Welches Kleidungsstück hat die meisten Abnehmer? *(Der Hut)*

Gedächtnistipp
Schreiben Sie öfter mal 7 Wörter auf, in denen ein anderes Wort versteckt ist.

Eselsbrücken für den Haushalt

Lassen Sie raten, um was es bei diesen Eselsbrücken geht.

Von der ? etwas Saft,
gibt der Sahne Halt und Kraft. *(Zitrone)*

Ein paar Körner ? im Fass,
Salz bleibt trocken, wird nicht nass. *(Reis)*

? wird, wie es gebührt,
immer kalt angerührt. *(Mehlteig)*

Das Ei platzt nicht beim Kochen,
wird vorher ein ? gestochen. *(Loch)*

Käse bleibt frisch, mach den Versuch
in einem salzig-feuchten ? . *(Leinentuch)*

Laue ? auf Elfenbein
macht die Klaviertasten wieder rein. *(Milch)*

Nasse Pullover auf den ? ,
das verdient eine Tracht Prügel. *(Bügel)*

Fensterputz und ?
bringt ja nur Enttäuschung ein. *(Sonnenschein)*

Weitere Ideen

- Lassen Sie weitere bekannte Eselsbrücken nennen.
- Die Teilnehmenden erzählen ihre kleinen „Tricks" im Haushalt.

Gedächtnistipp

Wenn Sie einen Vortrag hören oder einen Bericht im Radio oder im Fernsehen verfolgen, stellen Sie sich vor, wie Sie später jemandem davon erzählen.

Hausrat

Nennen Sie Dinge im Haus und lassen Sie von den Teilnehmenden passende Wörter dahinter setzen. Beispiel: Küchen*(stuhl, tisch, tür, ...)*

Gardinen*(stange)*	Handtuch*(halter)*	Kohle*(ofen)*
Hut*(ablage)*	Badezimmer*(spiegel)*	Ohren*(sessel)*
Fuß*(bank)*	Bett*(umrandung)*	Steh*(lampe)*
Blumen*(topf)*	Schirm*(ständer)*	Telefon*(hörer)*
Butter*(dose, fass)*	Dusch*(vorhang)*	Wand*(uhr, lampe)*

Weitere Ideen

- Lassen Sie Dinge im Haus nennen, die es heute nicht mehr oder kaum noch gibt: *Bohnerbesen, Teppichklopfer, Teppichstange, Teewagen, Nierentisch, Cocktailsessel, ...*
- Sagen Sie jeweils den zweiten Teil der Begriffe und lassen Sie den ersten Teil nennen: Beispiel: *Bohner*besen
- Die Teilnehmenden nennen Gegenstände im Haus von A–Z: *Anrichte, Bett, Couch, Drehtür, Eckbank, Fernseher, Gardine, Herd, Jalousie, Kühlschrank, Lampe, Mixer, ...*
- Lassen Sie die unterschiedlichsten Schränke nennen: *Kleiderschrank, Wäscheschrank, ...*

Scherzfrage

Welcher Berg kann am schnellsten wachsen?
(Schuldenberg, Wäscheberg)

Gedächtnistipp

Für den Fall, dass Ihnen im Bett noch einmal etwas Wichtiges für den nächsten Tag einfällt, legen Sie Stift, Papier und Brille auf den Nachttisch.

Reinen Tisch machen

Was stimmt hier nicht?
Die Teilnehmenden stellen diese Redewendungen richtig.

- etwas auf den (unter den) Tisch fallen lassen
- von Sofa und Sessel (Tisch und Bett) getrennt sein
- mit dem Hammer (der Faust) auf den Tisch hauen
- seine Hände (Karten) offen auf den Fernseher (Tisch) legen
- das Hochzeitskleid (Tischtuch) zerschneiden
- Malerhände (Narrenhände) malern (beschmieren) Tisch und Wände
- die Schuhe (Füße) unter jemandes Schrank (Tisch) stellen
- am sonnigen Strand (runden, grünen Tisch) sitzen
- etwas auf den Tisch des Schlossherrn stellen (Hauses legen)
- jemanden über den Teppich (Tisch) ziehen

Weitere Ideen

- Die Teilnehmenden merken sich die vorkommenden Dinge, indem sie Gedankenbilder malen.

Gleich und gleich gesellt sich gern

Lassen Sie Sätze bilden, in denen zwei Wörter die gleichen Vokale besitzen.
Beispiel: Mädchen lieben lange Fädchen

Liege & Fliege	Ställe & Bälle	Klingel & Kringel
Sägen & Mägen	Mähen & Säen	Dach & Fach
Bäder & Räder	Fegen & Segen	Schrank & Bank
Wände & Hände	Wiege & Stiege	Keller & Teller

Gedächtnistipp

Bewegen Sie sich beim Nachdenken. Schon die kleinste Bewegung aktiviert Ihr Gehirn und unterstützt das Denken.

Das ist genau mein Ding

Die Teilnehmenden nennen Dinge aus dem Haushalt, die eine bestimmte Eigenschaft haben.

- spitz *(Bleistift, Schere, Nadel, Nagel)*
- eckig *(Tisch, Schrank, Bett, Bilderrahmen)*
- scharf *(Messer, Schere, Sauce)*
- weich *(Kissen, Couch, Decke)*
- klein *(Fingerhut, Nähnadel, Knopf)*
- groß *(Schrank, Bett, Tisch, Teppich)*
- glänzend *(Besteck, Armaturen)*
- löcherig *(Teesieb, Steckdose, Käse)*
- rund *(Tasse, Teller, Topf, Schüssel)*
- dick *(Wand, Teppich, Daunenbett)*
- dünn *(Spaghetti, Faden, Schnur)*
- hart *(Fußboden, Tür, Badewanne)*
- lang *(Schnur, Zollstock, Vorhang)*
- kratzig *(Topfkratzer, Spülschwamm)*
- kuschelig *(Sofa, Kissen, Wolldecke)*
- winzig *(Stecknadelkopf)*

Weitere Ideen

- Nennen Sie ein Ding aus dem Haushalt und die Teilnehmenden sagen, welche Eigenschaft es hat.
- Lassen Sie die Teilnehmenden Dinge aus dem Haushalt nennen, die kleiner sind als eine Hand oder die eine bestimmte Farbe haben.
- Die Teilnehmenden nennen reihum Dinge aus dem Haushalt – aus Glas – aus Papier – aus Holz – aus Metall – aus Plastik
- Die Teilnehmenden nennen Sitzgelegenheiten im Haus: *Stuhl, Tisch, Bett, Hocker, …*
- Lassen Sie Redewendungen nennen mit *sitzen* und *setzen*: *auf glühenden Kohlen sitzen/im Glashaus sitzen/sich auf seine vier Buchstaben setzen/jemanden vor die Tür setzen …*
- Die Teilnehmenden nennen alles, was man absetzen kann: *einen Koffer und eine Tasche absetzen, den Hut und die Brille absetzen, etwas von der Steuer absetzen, …*

Gedächtnistipp
Wenn Sie sich vor dem Schlafengehen noch einmal an wichtige Dinge des Tages erinnern, speichert Ihr Gehirn diese Informationen, während Sie schlafen.

Zeigt her eure Füße, ...

Die Teilnehmenden stellen sich vor, wie sie Buntwäsche aufhängen und merken sich die einzelnen Wäschestücke.

- eine bunt geblümte Bluse
- ein himmelblaues Oberhemd
- eine grün-lila-karierte Kittelschürze
- ein weißer Petticoat
- ein apfelgrünes Halstuch
- eine mausgraue Jacke
- eine jeansblaue Latzhose
- ein lila T-Shirt
- einen rosa Strampelanzug
- ein gelbes Lätzchen
- eine weiß-gelb gepunktete Babydecke
- ein buntes Kinderkleid
- ein rot-blau kariertes Kopftuch
- ein tannengrüner Rock

Weitere Ideen

- Die Teilnehmenden erzählen vom Waschtag in den Kindertagen.
- Die Teilnehmenden nennen nacheinander bunte Wäschestücke und jeder wiederholt das Wort des Nachbarn, bevor er ein neues Wäschestück nennt. („Kofferpacken-Spiel")
- Lassen Sie aufzählen, was man alles waschen und abwaschen kann.
- Lassen Sie Redewendungen und Sprichwörter rund ums Waschen nennen: *eine Hand wäscht die andere/schmutzige Wäsche waschen/ seine Hände in Unschuld waschen ...*
- Die Teilnehmenden singen das Lied *„Zeigt her eure Füße, zeigt her eure Schuh und schauet den fleißigen Waschfrauen zu. Sie waschen, sie waschen, sie waschen den ganzen Tag."*
- Lassen Sie dazu die entsprechenden Bewegungen machen.

Gedächtnistipp

Unterstützen Sie Ihr Kurzzeitgedächtnis, indem jedes Ding einen bestimmten Platz erhält.

Alles erledigt

Lesen Sie den Teilnehmenden diese Erledigungen vor und alle merken sie sich möglichst in dieser Reihenfolge.

1. Bei der Post das Paket aufgeben.
2. Beim Schuhmacher die Schuhe reparieren lassen.
3. Im Rathaus einen neuen Pass beantragen.
4. In der Apotheke Hustensaft besorgen.
5. Im Schreibwarenladen Buntstifte und ein Malheft kaufen.
6. In der Bücherei neue Bücher ausleihen.
7. In der Reinigung den Anzug und das Kostüm abholen.
8. Im Baumarkt Schrauben kaufen.
9. Im Blumenladen eine Orchidee kaufen.
10. Einen Kaffee trinken.

Weitere Ideen

- Merken mit dem „Taschentrick":
  Bringen Sie 7 kleine Gegenstände mit. Beispiele: kleiner Stein, Murmel, Streichholz, Wattebäuschchen, Bleistiftstummel, Münze, Tubendeckel, Radiergummi, Anspitzer, ...
  Lesen Sie die Erledigungen vor und lassen Sie die Teilnehmenden Gedankenbilder malen, indem sie einen der kleinen Gegenstände anfassen und mit der Erledigung in einem Bild sehen und fühlen.
  Beispiel: *Während die Teilnehmenden an die Post denken, fühlen sie den Stein und „sehen" das steinschwere Paket vor Augen. Wenn sie an den Schuhmacher denken, fühlen sie die Murmel in der Hand und sehen und fühlen sie im Schuh, usw.*

Gedächtnistipp

Wenn Sie die Namen neuer Bekannten leicht vergessen, lassen Sie sich bei der ersten Begegnung den Namen buchstabieren und stellen Sie ihn sich groß und deutlich geschrieben vor.

Der Haushalt von A–Z

Die Teilnehmenden merken sich diese Gegenstände, indem sie sich fantasievolle, farbenfrohe Gedankenbilder malen.

Anrichte	Marmortisch	Bett	Nachttopf
Couch	Ofen	Drehstuhl	Postkasten
Eckbank	Quirl	Fliegenfänger	Rosenschere
Gardine	Schrank	Hutablage	Toilettenbrille
Igel (Käseigel)	Utensilienschublade	Jalousie	Veloursessel
Kühlschrank	Waschmaschine	Lampe	Zeitungsständer

Weitere Ideen

- Nennen Sie die Buchstaben von A–Z und die Teilnehmenden ergänzen die Gegenstände.
- Wenn die Teilnehmenden sich Gegenstände von A–Z ausgedacht und gemerkt haben, ist das der Anfang der **ABC-Gedächtnistechnik.** Das heißt: Wenn Sie jetzt z. B. Nahrungsmittel nennen, werden diese mit den ABC-Begriffen in einem Fantasiebild verbunden und in der genannten Reihenfolge gemerkt. Beispiel: *Auf der braunen Anrichte liegt ein großer Kohlkopf. Im weißen Bett kullern Orangen. Auf der blauen Couch sind mehrere Milchflaschen. Auf dem grauen Drehstuhl dreht sich ein runder Käse, usw.*

Gedächtnistipp

Wenn Sie Fantasiebilder malen und diese ganz deutlich vor ihrem geistigen Auge sehen, stärken Sie Ihre Vorstellungskraft und damit Ihr Gedächtnis. Wollen Sie sich dann etwas merken, sehen Sie sofort ein Gedankenbild, das Ihnen beim Einprägen hilft.

Küche und Stube

Berta Brösel backt ...

Lassen Sie diese „Berta-Sätze“ von den Teilnehmenden möglichst schnell sprechen.

- Berta Brösel backt besonders butterweiche braune Brezel bei Blasmusik.
- Berta Brösel braucht billigen Bohnenkaffee beim Butterkuchen.
- Berta Brösel backt bei bizarrer Berieselung besseren Blitzkuchen.
- Berta Brösel bleibt beschwipst beim Blaubeerlikör bis Bertold beliebte Berliner bringt.
- Berta Brösel backt Bremer Brötchen bis Bertas Busenfeundin Barbara braunes Brot bevorzugt.
- Berta backt bald bei Beates Baby blonde Brötchen, Berliner, Butterkuchen.

Weitere Ideen

- Lassen Sie Sätze bilden, in denen möglichst viele Wörter vorkommen, die mit „B“ und „b“ beginnen oder eine kleine Geschichte erzählen.
- Lassen Sie beliebige Sätze bilden, bei denen jedes Wort mit dem gleichen Buchstaben anfängt. *Küchenchef Konrad Krösel kann Karfreitag krasse Königsberger Klopse kochen.*

Weitere Schnellsprechsätze

- Lisa Lenker lehrt liebevoll lachend linkshändigen Lausbuben Latein.
- Paula Prille pflegt permanent piekfeine Pappnasen.
- Frisör Fridolin Frisch frisiert freche Frauen freitags.
- Metzger Meier macht Montagmittag Mettwürstchen mit Mangold.
- Schuhmacher Schlucker schenkt schönen Schuhkäuferinnen Schluckers Schuhcreme.

Gedächtnistipp
Ihr Gehirn ist wie ein Muskel. Wenn es nicht trainiert wird, wird es schlapp und träge. Trainieren Sie täglich 10–15 Minuten, um die grauen Zellen in Schwung zu bringen.

Brot und Brötchen

Lesen Sie diese Gedichtzeilen vor und lassen Sie die Teilnehmenden die Reime ergänzen.

Das große Brot
Vom Bäcker kommt ein Brot ins *Haus*,
ein Brot, das ist so groß!
Die *Mutter*, die sieht fröhlich *(aus)*.
Und *schneidet* frisch drauf *(los)*

Die *Kinder* steh' n all' um sie her,
und jedes heischt sein Teil;
wenn eins *gefragt* wird: „Willst' noch mehr?"
dann sagt es ja in Eil.

Die *Mutter* hat nicht wenig *Müh'*,
sie schneidet Stück auf *Stück*;
am Ende aber bleibt für sie
ein *Käntlein* doch zurück.
Johannes Trojan

Weitere Ideen

- Die Teilnehmenden merken sich möglichst viele Begriffe.
- Lassen Sie die kursiven Wörter beim Lesen weg.
- Lassen Sie andere Begriffe für Brötchen nennen. *Schrippen, Semmeln, Wecken, Rundstück, Bürli, Laibchen, ...*
- Lassen Sie Redewendungen und Sprichwörter nennen, in denen Brot und Brötchen vorkommen: *Trocken Brot macht Wangen rot – Das ist ein hartes Brot – Wer nie sein Brot im Bette aß, weiß nicht wie Krümel pieken ...*

Gedächtnistipp

Suchen Sie sich für das Merken von Informationen, Gedichten oder Sprichwörtern usw. einen Platz, an dem Sie sich pudelwohl fühlen. Das kann der Lieblingssessel, der Küchenstuhl, das Bett, der Teppich oder die Toilette sein. Je entspannter Sie sind, desto besser arbeitet Ihr Gehirn und speichert, was es speichern soll.

Kochkunst und Küchenkräuter

Die Teilnehmenden ergänzen diese zusammengesetzten Wörter und Begriffe, bei denen der erste und der zweite Teil mit dem gleichen Buchstaben beginnen. Beispiel: Koch*kunst*

- Küchen*(kräuter)*
- Kaffee*(kanne, kränzchen)*
- Käse*(kuchen)*
- Koch*(kurs)*
- Kirsch*(kern, kompott)*
- Kohlen*(kasten)*
- Königsberger *(Klopse)*
- Kalter *(Kaffee)*
- Kräuter*(kranz)*
- Kohl*(kopf)*
- Kartoffel*(kiste, kuchen)*
- Kinder*(kram)*
- Kron*(korken)*
- Kapuziner *(Kresse)*

Weitere Ideen

- Die Teilnehmenden nennen weitere zusammengesetzte Wörter mit „K" und „k" oder anderen Buchstaben. Bäckerbrot, Mandelmakronen, ...
- Die Teilnehmenden bilden Sätze mit möglichst vielen „K"-Wörtern. Beispiel: *Kleine Kinder kriegen keinen kalten Kaffee.*
- Lassen Sie Küchenkräuter und Gewürze zu möglichst vielen Buchstaben des Alphabets nennen: *Anis, Basilikum, Curry, Dill, Lorbeerblatt, Koriander, Kümmel, Majoran, Nelken, Petersilie, Safran, Senf, Thymian, Vanille, Wacholder, Zimt*
- Lassen Sie zusammengesetzte Begriffe rund ums Haus nennen oder erraten. Beispiele: Holz*(haus)*, Lampen*(licht)*, Näh*(nadel)*, Suppen*(schüssel)*, Tee*(tasse)*, Flur*(fenster)*, ...
- Die Teilnehmenden bilden Sätze mit den genannten Begriffen. Beispiel: *In meiner Kindheit gab es oft Königsberger Klopse.*

Gedächtnistipp

Denken Sie laut, wenn Sie ein Problem lösen wollen und stellen Sie sich die Situation genau vor. Je mehr Sie Ihre Vorstellungskraft trainiert haben, desto besser wird Ihnen das gelingen.

Spieglein, Spieglein an der Wand

Lesen Sie die folgende Geschichte vor und die Teilnehmenden merken sich möglichst viele Dinge.

„Stellen Sie sich vor, Sie schauen in den Spiegel und sehen auf Ihrem Kopf eine Salatschüssel mit Salatbesteck. An den Ohren hängen Flaschenöffner und um den Hals ist ein buntes Geschirrtuch gewickelt. Ihr linker Arm ist voller schwarzer Schuhcreme und in der linken Hand halten Sie eine Toilettenbürste. In der rechten Hand halten Sie einen Schneebesen und auf Ihren Füßen liegen bunte Topflappen."

Weitere Ideen

- Die Teilnehmenden gehen in Gedanken gemeinsam in einen Supermarkt und nennen nacheinander etwas, was sie einkaufen wollen und sehen es im Fantasiespiegel an ihrem Körper so wie in der Spiegelgeschichte.
- Die Teilnehmenden gehen in Gedanken durch ein Fantasiewohnzimmer. Die einzukaufenden Dinge hängen oder liegen irgendwo im Wohnzimmer herum.
  „Stellen Sie sich ein Wohnzimmer vor. An der Tür hängt ein roter Besen. Auf dem Schrank ist ein großes Paket mit weißem Waschpulver ausgekippt. An der Deckenlampe hängen blaue Servietten. Auf der Couch liegen viele Glühbirnen und auf dem Tisch kullern Batterien. Die Fenster sind mit bunten Zeitschriften beklebt und der Lieblingssessel ist voll bepackt mit Küchenrollen.

Tipp

Wichtig ist, dass die Teilnehmenden wirklich Bilder im Kopf entstehen lassen und nicht nur versuchen, die Begriffe auswendig zu lernen.

Gedächtnistipp

Die beste Zeit, sich etwas zu merken ist zwischen 15 und 16 Uhr am Nachmittag. Wenn Sie dann diese Infos am Abend wiederholen, werden Sie kaum noch etwas vergessen.

Die Küche von damals

Sagen Sie von den Dingen, die es früher in der Küche gab, jeweils den zweiten Teil und lassen Sie den ersten Teil von den Teilnehmenden nennen.

*(Kaffee)*mühle
*(Milch)*kanne
*(Kaffeekannen)*haube
*(Fliegen)*gitter
*(Fleisch)*klopfer
*(Tropfen)*fänger
*(Henkel)*mann
*(Wasser/Pfeif)*kessel
*(Kaffee)*filter
*(Topf)*lappen
(Flotte) Lotte
*(Cocktail/Kittel)*schürze
*(Tauch)*sieder
*(Kartoffel)*stampfer
*(Kohle)*herd

Weitere Ideen

- Die Teilnehmenden nennen weitere Dinge, die es heute gar nicht oder kaum noch gibt.
- Lassen Sie die Gegenstände nennen und zu jedem Gegenstand eine Handbewegung machen.
- Die Teilnehmenden erzählen von der Küche ihrer Kindheit.
- Die Teilnehmenden nennen Wörter mit „Küche" zu möglichst vielen Buchstaben des Alphabetes. *Küchenabfall, Küchenboden, Küchenchef, Küchendame, Kücheneinmaleins, Küchenfee, …*
- Lassen Sie Redewendungen und Sprichwörter nennen, in denen es um die Küche geht und um Dinge, die in der Küche zu finden sind. *In Teufels Küche kommen – auf jeden Topf passt ein Deckel – alles in einen Topf werfen – seine Nase in alle Töpfe stecken – nicht alle Tassen im Schrank haben – einen Sprung in der Schüssel haben – jemanden in die Pfanne hauen …*

Gedächtnistipp

Wenn Sie die Namen neuer Bekannten leicht vergessen, trainieren Sie Ihre Fantasie und versuchen Sie sich zu dem Namen ein Gedankenbild zu machen. Sehen Sie einen Herrn Kämper zum Beispiel in seinem Campingwagen auf dem Zeltplatz oder reimen Sie zum Beispiel: Frau Heinen trägt buntes Leinen.

Ein guter Braten und mehr

Lesen Sie diese Gedichtzeilen vor und die Teilnehmenden zitieren jeweils die nächsten Zeilen oder ergänzen selbst eine Zeile.

1. Die Suppe aß er hübsch bei Tisch. Doch einmal fing er an zu schrei'n:
2. Eben geht mit einem Teller Witwe Bolte in den Keller
3. Herr von Ribbeck auf Ribbeck im Havelland,
   ein Birnbaum in seinem Garten stand
4. „Ob der Philipp heute still
   wohl bei Tische sitzen will?"
5. Ein Mensch, der sich ein Schnitzel briet,
   bemerkte, dass ihm das missriet.
6. Ja, und das hab ich ganz vergessen:
   Prima Küche – erstes Essen –
7. Der Tisch war gedeckt. Hier fand ich die altgermanische Küche.

Lösungen

1. „Ich esse meine Suppe nicht!
   Nein, meine Suppe esse ich nicht.
   („Suppenkaspar – Struwwelpeter" H. Hoffmann)
2. dass sie von dem Sauerkohle
   eine Portion sich hole,
   („Max und Moritz" W. Busch)
3. Und kam die goldene Herbsteszeit
   und die Birnen leuchteten weit und breit
   („Herr von Ribbeck" Theodor Fontane)
4. Also sprach in ernstem Ton
   der Papa zu seinem Sohn.
   („Der Zappelphillipp" Heinrich Hoffmann)
5. Jedoch, da er es selbst gebraten,
   tut er, als wär' es ihm geraten,
   („Das Schnitzel" Eugen Roth)
6. Alte Weine aus schönem Pokal –
   und egalweg bleibst du dünn wie ein Aal. *(„Das Ideal" Kurt Tucholsky)*
7. Sei mir gegrüßt, mein Sauerkraut,
   holdselig sind deine Gerüche.
   („Sei mir gegrüßt, mein Sauerkraut" Heinrich Heine)

Weitere Ideen

- Die Teilnehmenden nennen weitere Gedichte, bei denen es um Essen und Trinken geht: *Die Torte* von Eugen Roth, *Der verdammte Ochsenbraten* von Mathias Claudius, *Kritk des Herzens* von Wilhelm Busch, *Die Weihnachtsgans* von Heinz Erhard, *Herr von Ribbeck* von Theodor Fontane
- Die Teilnehmenden nennen Märchen, in denen Nahrungsmittel vorkommen: *Dornröschen (Apfel)/Rotkäppchen (Kuchen)/Die sieben Geißlein (Mehl)/Schneewittchen (Apfel).*
- Lassen Sie aufzählen, was man alles braten kann: *Braten, Frikadellen, Spiegeleier, Kartoffeln, ...*

Scherzfrage

Aus welchen Gläsern kann man nicht trinken? *(Brillengläsern)*

Was hat viele Häute
und beißt alle Leute? *(Zwiebel)*

Gedächtnistipp

Rechnen Sie öfter mal im Kopf, um das Zahlengedächtnis zu aktivieren.

Leberkäse und Labskaus

Die Teilnehmenden finden heraus, um welche Spezialität es sich jeweils handelt.

1. Bayerische Spezialität – enthält keine oder kaum Leber und keinen Käse. *(Leberkäse)*
2. Gefüllte Nudeltaschen aus Schwaben. *(Maultaschen)*
3. Seemannseintopf aus Pökelfleisch, Kartoffeln, Fisch, Zwiebeln und Salzgurken. *(Labskaus)*
4. Ein Gericht mit Kartoffeln und Äpfeln, durchwachsenem Speck und Blutwurst. *(Himmel und Erde)*
5. Buntes Gemüse aus einer großen Stadt in Ostdeutschland. *(Leipziger Allerlei)*
6. Ein Würstchen, das in Deutschland und in Österreich zuhause ist. *(Frankfurter, Wienerle)*
7. Schwarzbrot aus Roggenschrot, das bei niedrigen Temperaturen in Dampfbacköfen 16–36 Stunden gebacken wird. *(Pumpernickel)*
8. Ein Gebäck, das an die Locken des Dichters Friedrich von Schiller erinnert und ein geräucherter Fisch. *(Schillerlocken)*

Weitere Ideen

- Die Teilnehmenden nennen weitere Spezialitäten aus Deutschland.
- Die Teilnehmenden nennen Spezialitäten aus anderen Ländern: *Pizza und Spaghetti – Italien/Döner – Türkei/Tzaziki – Griechenland/ Fish and Chips – England/Paella und Tapas – Spanien*
- Die Teilnehmenden nennen typische Speisen der 50er und 60er Jahre: *Toast Hawai, Käseigel, Russische Eier, Mettigel, Fliegenpilze (gekochte Eier mit Tomatenhaube, Mayonnaisetupfer) Ragout fin, Strammer Max (Brot mit Schinken und Spiegelei), …*

Gedächtnistipp

Wenn Sie den Namen einer neuen Begegnung nicht vergessen wollen, fragen Sie nach der Schreibweise. Sie erhalten Zeit, sich den Namen geschrieben vorzustellen und Ihr Gegenüber freut sich über Ihr Interesse an seiner Person.

Krimskramsschublade

Alles durcheinander. Jetzt wird aufgeräumt. Die Teilnehmenden merken sich die Dinge in der Schublade, die hier nicht (mehr) hingehören.

- „Das alte Portemonnaie kann weg – die Münzen fallen immer heraus."
- „Diese alten Quittungen und Rechnungen braucht doch niemand mehr."
- „Ring und Armband gehören in den Schmuckkasten."
- „Diese vielen Gebrauchsanweisungen werde ich in einen Ordner heften."
- „Dieses gemalte Bild von Louis hänge ich auf."
- „Da ist ja ein Überraschungsei. Das lege ich zu den Spielsachen."
- „Ach, und hier ist endlich meine Zweitbrille, die ich gesucht habe."

Weitere Ideen

- Die Teilnehmenden nennen Dinge, die noch in der Krimskramsschublade sein könnten.
- Die Teilnehmenden umschreiben die Dinge und lassen sie erraten.
- Lassen Sie aus den Buchstaben des Wortes KRIMSKRAMSSCHUBLADE viele neue Wörter bilden: *das, der, die, Bau, Sau, Aal, Bar, Mal, Macke, Haar, Haus, Lama, Bude, Keim, Leim, …*
- Lassen Sie reihum zu jedem Buchstaben des Wortes KRIMSKRAMSSCHUBLADE einen Gegenstand in Haus und Garten finden: *Kochtopf, Rechen, Imbusschlüssel, Messer, Schlüssel, Kuchenform, Rosenschere, Arbeitsplatte, Männertreu, Stopfpilz, Schüssel, Uhr, Bild, Laufstall, Amaryllus, Dosenöffner, Elektrokabel*

Gedächtnistipp

Wenn Sie eine Nummer nicht vergessen wollen, bilden Sie einen lustigen Satz. Die Anfangsbuchstaben der Wörter des Satzes sind die Anfangsbuchstaben der Zahlwörter.
1 = e; 2 = z; 3 = d; 4 = v; 5 = f; 6 = se; 7 = si; 8 = a; 9 = ne; 0 = n

Sieglindes einfarbige Vasen fallen auf sechs Fliesen
7 1 4 5 8 6 5

Der tugendhafte Hund

Lesen Sie dieses Gedicht von Heinrich Heine vor und die Teilnehmenden ergänzen die Reime.

Der tugendhafte Hund

Ein Pudel, der mit gutem Fug
Den schönen Namen Brutus *(trug)*,
War viel berühmt im ganzen Land
Ob seiner Tugend und *(Verstand)*.
Er war ein Muster der Sittlichkeit,
Der Langmut und *(Bescheidenheit)*.
Man hörte ihn loben, man hörte ihn preisen
Als einen vierfüßigen Nathan den *(Weisen)*.
Er war ein wahres Hundejuwel!
So ehrlich und treu! Eine schöne *(Seel')*!
Auch schenkte sein Herr in allen Stücken
Ihm volles Vertrauen; er konnte ihn *(schicken)*
Sogar zum Fleischer. Der edle Hund
Trug dann einen Hängekorb im *(Mund)*.

Weitere Ideen

- Lesen Sie das Gedicht ein zweites Mal vor und lassen Sie die unterstrichenen Wörter ergänzen.
- Lassen Sie weitere Gedichte nennen, in denen ein Hund oder ein anderes Haustier vorkommt. *„Hund und Katze" Wilhelm Busch/ „Der Hund als Untergebener" Kurt Tucholsky …*
- Lassen Sie Hunderassen nennen: *Pudel, Dackel, Terrier, Setter, Spitz, Labrador, Schäferhund, …*
- Die Teilnehmenden erzählen von ihrem Hund oder einem anderen Haustier.

Gedächtnistipp

Sammeln Sie zum Beispiel Sprüche, Zitate oder Witze und geben Sie diese im Bekanntenkreis zum Besten.

Merkwürdige Dinge

Die Teilnehmenden erraten Dinge, die in jeder Wohnung zu finden sind.

- im Märchen fliegt er *(Teppich)*
- mit Kamm und Bürste sitzt man vor ihr *(Frisierkommode)*
- schnarchend liegt man in ihm *(Bett)*
- Buch und Lämpchen stehen auf ihm *(Nachttischchen)*
- Fußbekleidungen sind in ihm *(Schuhschrank)*
- Kopfbedeckungen liegen auf ihr *(Hutablage)*
- mit Blumentöpfen ist sie besetzt *(Fensterbank)*
- er schlottert vor Kälte *(Gefrierschrank)*
- meistens ist sie weich und französisch *(Couch)*
- zwei Liegemöglichkeiten übereinander *(Stockbett)*
- vierbeinig, dreibeinig, einbeinig *(Tisch)*
- großer Klamotteninhaber *(Schrank)*
- Sitzgelegenheit mit Ohren *(Ohrensessel)*
- wird gerne heiß gemacht *(Ofen)*
- mal hart, mal weich, aber immer mit Rücken *(Stuhl)*
- man kann hineinschauen und schöne Dinge bewundern *(Vitrine)*

Weitere Ideen

- Sie nennen den Gegenstand und die Teilnehmenden erfinden eine Beschreibung.
- Die Teilnehmenden umschreiben weitere Dinge im Haus und lassen sie erraten.
- Lassen Sie Redewendungen nennen, in denen ein Stuhl vorkommt: *fast vom Stuhl fallen, zwischen zwei Stühlen sitzen, den Stuhl vor die Tür stellen.*

Gedächtnistipp

Achten Sie auf Einzelheiten. Schauen Sie aus dem Fenster und prägen Sie sich viele Dinge ein. Schauen Sie in den Raum und zählen Sie alles auf, an das Sie sich erinnern.

Kaffeeklatsch I

Finden die Teilnehmenden die Antworten auf diese Fragen?

1. Was ist Blümchenkaffee?
   So nannte man dünnen Kaffee in Sachsen, da man die Blümchen auf dem Tassengrund sah
2. Was ist Muckefuck?
   Malzkaffee oder Zichorie, ein Ersatz für Bohnenkaffee. „Mocca faux" übersetzt „falscher Kaffee"
3. Was ist ein Pharisäer?
   2 große Eierbecher Rum, 2 Stücke Zucker, aufgefüllt mit Mokka und mit einer Sahnehaube
4. Was ist ein Frankfurter Kranz? *(Buttercremetorte mit Krokanthülle)*
5. Was ist ein Schweinsöhrchen? *(Blätterteiggebäck)*
6. Was ist ein Bienenstich? *(Hefekuchen vom Blech mit Sahne oder Puddingfüllung und belegt mit karamelisierten Mandelplättchen)*
7. Was ist ein Amerikaner? *(ein rundes Gebäck mit Zuckerguss auf einer Seite)*
8. Was ist ein Zebrakuchen? *(Ein Kuchen mit Schichten aus Keksen und Schokolade, auch „Kalter Hund" genannt.)*

Weitere Ideen

- Lassen Sie weitere Gebäcksorten nennen und von den anderen Teilnehmenden erraten.
- Die Teilnehmenden nennen Getränke mit „B" wie Blümchenkaffee: *Buttermilch, Brandwein,Bananenmilch, Blaubeersaft, Birnensaft, Brombeersaft, ...*
- Lassen Sie das Kaffeegeschirr der Teilnehmenden in der Kindheit und später beschreiben.

Scherzfrage

Wer hat es leichter, der Kaffee oder Tee?
(Der Kaffee darf sich setzen, der Tee muss ziehen.)

Kaffeeklatsch II

Gedächtnistraining

Die Teilnehmenden stellen sich zu den Ziffern von 1–7 Bilder vor. Dann merken sie sich die Namen der Damen beim Kaffeeklatsch in Verbindung mit den Bildern. Beispiel: 1. Frau Schmidt sitzt in einem blühenden Apfelbaum.

1 = ein blühender Apfelbaum (1 Stamm)
2 = froschgrün umrandete Brille (2 Gläser)
3 = Dreirad (3 Räder), goldene Triangel (Dreieck)
4 = purpurroter Thron (4 Beine)
5 = weißer Zauberhandschuh (5 Finger)
6 = goldener Würfel mit schwarzen Punkten (6 Seiten)
7 = 7 Zwerge mit feuerroten Zipfelmützen

Die Teilnehmenden überlegen sich zu den weiteren Zahlen von 8–12 Bilder.
Beispiele: 8 = Achterbahn, 9 = Kegel „Alle Neune", 10 = zehn Zehen,
11 = Fußballteam, 12 = Mittagstisch

Weitere Damen beim Kaffeeklatsch

2 = Frau Weller trägt eine froschgrün umrandete Brille
3 = Herr Traber spielt eine goldene Triangel.
4 = Frau Kaiser sitzt auf einem purpurfarbenen Thron.
5 = Frau Dante hat sich ihre Hände bunt angemalt.
6 = Frau Pilz würfelt mit einem großen goldenen Würfel.
7 = Herr Zelte hat in jedem Arm einen Zwerg mit einer feuerroten Zipfelmütze.
8 = Herr Helm trägt einen pinkfarbenen Helm auf der pinkfarbenen Achterbahn.
9 = Frau Teufel kegelt mit feuerroten Kegeln.
10 = Frau Singer tanzt mit lila lackierten Zehen auf dem Tisch.
11 = Frau Rother trägt schwarz-weiße Fußballtrikots.
12 = Frau Winter stellt ihren Mittagstisch in den Schnee.

Gedächtnistipp
Beschäftigen Sie sich mit Gedächtnistechniken, denn damit trainieren Sie Fantasie und Vorstellungskraft.

Streuselkuchen

Nennen Sie jeweils die erste Silbe oder die ersten zwei Silben und die Teilnehmenden finden heraus, um welche Kuchen und Gebäckstücke es sich handelt.

Bie*(nenstich)*
Mar*(morkuchen)*
Ber*(liner)*
But*(terkuchen)*
Schwarz*(wälder Kirschtorte)*
Nuss*(ecken)*
Do*(nauwellen)*

Kä*(sekuchen)*
Pflau*(menkuchen)*
Wind*(Beutel)*
Frank*(furter Kranz)*
Ro*(sinenschnecken)*
Ame*(rikaner)*
Apfel*(taschen, strudel)*
Christ*(stollen)*

Ze*(brakuchen)*
Schweins*(öhrchen)*
Zi*(tronenrolle)*
Punsch*(torte*
Sacher*(torte)*
Plun*(derteilchen)*
Topf*(kuchen)*
Eier*(schecke)*

Weitere Ideen

- Die Teilnehmenden nennen reihum ein Gebäck von A–Z: *Apfeltaschen, Brezeln, Cremeschnitten, Dinkelplätzchen, Erdbeerkuchen, Florentiner, Gugelhupf, …*
- Lesen Sie den zweiten Teil des Gebäcks vor und die Teilnehmenden nennen den ersten Teil.
- Die Teilnehmenden überlegen, welche Wörter sie aus den Buchstaben des Wortes STREUSELKUCHEN bilden können, wenn sie die Buchstaben immer wieder verwenden dürfen. *Hut, Esel, Treue, Rest, Streu, Tuch, Stress, Reue, Keule, Eule, Lech, Uhr, Kur, neu, lesen, …*
- Die Teilnehmenden nennen reihum ein Gebäck und alle bewegen sich. Bei einem „a“ werden die Arme ausgebreitet. Bei einem „e“ werden die Hände weit weg nach vorn gestreckt. Bei einem „o“ werden die Hände nach oben gestreckt und bei „u“ nach unten.
- Die Teilnehmenden nennen Gedichte, Märchen und andere Texte, in denen es um ein Gebäck geht: *Frau Holle – Rotkäppchen – Hänsel und Gretel*

Gedächtnistipp
Schreiben Sie ein Tagebuch und lesen Sie darin immer wieder mal Gedanken von vor langer Zeit.

Wie bei Hempels unterm Sofa

Bei diesen Redewendungen ist etwas durcheinander geraten.
Wie muss es richtig heißen?

- eine Teppich *(Gardinen)*predigt halten
- nicht alle Flaschen *(Tassen)* im Schrank haben
- an jemandem's Stuhl kauen *(sägen)*
- auf dem Sofa *(Teppich)* bleiben
- auf einem wackligen Stuhl kippeln *(sitzen)*
- etwas reißt einen nicht vom Ofen *(Hocker)*
- an seinem Teppich *(Sessel)* kleben
- die Treppe *(Wände)* hochgehen
- damit lockt man keinen Hamster *(Hund)* hinterm Ofen hervor
- jetzt ist der Fernseher *(Ofen)* aus
- hinter schwedischen Bäumen *(Gardinen)* sitzen
- jemanden den Ofen *(Stuhl)* vor die Tür setzen
- das Baby *(Bett)* hüten
- das ist ein Wurf *(Schuss)* in den Ofen
- etwas unter den Schrank *(Teppich)* kehren

Weitere Ideen

- Lesen Sie die Redewendungen noch einmal richtig vor und die Teilnehmenden merken sich die vorkommenden Gegenstände oder die Redewendungen in der genannten Reihenfolge.
- Stellen Sie zu jeder Redewendung eine Frage und die Teilnehmenden antworten mit einem Satz oder einer kleinen Geschichte: *Warum wird die Gardinenpredigt gehalten? Wer hat nicht alle Tassen im Schrank? Warum wird an einem Stuhl gesägt? Wer sollte auf dem Teppich bleiben? Wer sitzt auf einem wackligen Stuhl? Was reißt einen nicht vom Hocker? ...*

Gedächtnistipp

Packen Sie die Dinge, die Sie nicht vergessen wollen, in eine kleine, fantasievolle Geschichte.

Das Unwetter

Die Teilnehmenden ergänzen die fehlenden Reimwörter des Gedichtes von Heinz Erhard und von Gustav Schwab.

Das Unwetter
Urahne, Großmutter, Mutter und Kind
in dumpfer Stube versammelt *(sind)*.
's Mittwoch, da hört man von ferne
ein leises Grollen. Mond und *(Sterne)*
Verhüllen sich mit schwarzen, feuchten
Wolkenschleiern. Blitze *(leuchten)*
Und es sind versammelt in *dumpfer Stube*
Urahne, Großmutter, Mutter und *(Bube)*

Das Gewitter von Gustav Schwab
Urahne, Großmutter, Mutter und Kind
In dumpfer Stube versammelt *(sind)*.
es spielet das Kind, die Mutter sich schmückt,
Großmutter spinnet, Urahne *(gebückt)*
Sitzt hinter dem Ofen im Pfühl. –
Wie wehen die Lüfte so *(schwül)*!

Weitere Ideen

- Lesen Sie das Gedicht vor und lassen Sie die unterstrichenen Wörter ergänzen.
- Die Teilnehmenden nennen Gedichte in denen die Begriffe „Mutter", „Großmutter" oder „Kind" vorkommen. *„An meine Mutter" und „Sei mir gegrüßt mein Sauerkraut" Heinrich Heine/„Die wandelnde Glocke" J. W von Goethe/„Elisabeth" Theodor Storm/„Der spielende Knabe" Friedrich Schiller/„Der Knabe" Friedrich Hebbel*

Gedächtnistipp

Gefundene Ideen bringen neue Ideen hervor. Legen Sie eine Ideensammlung an.

Musiktruhe

Die Teilnehmenden merken sich die Titel der folgenden Schallplatten

- An der Laterne an dem großen Tor – Lale Andersen
- Pack die Badehose ein – Conny Froboes
- Tanze mit mir in den Morgen – Gerhard Wendland
- Der lachende Vagabund – Fred Bertelmann
- Fährt ein weißes Schiff nach Hongkong – Freddy Quinn
- Weiße Rosen aus Athen – Nana Mouskouri
- Vor meinem Vaterhaus steht eine Linde – Willy Schneider
- Zwei kleine Italiener – Conny Froboess
- Liebeskummer lohnt sich nicht – Siw Malmkvist
- Ganz Paris träumt von der Liebe – Catarina Valente

Weitere Ideen

- Die Teilnehmenden nennen weitere Schlagertitel.
- Nennen Sie Schlagertitel und lassen Sie die Sänger(innen) der Schlager nennen.
- Lassen Sie eine Geschichte erzählen, in der möglichst viele Schlagertitel vorkommen.
- Lassen Sie reihum Wörter nennen, die mit „musik“ enden. *Blasmusik, Jazzmusik, Konzertmusik, Volksmusik, Operettenmusik, Schlagermusik, Klaviermusik, Geigenmusik, …*
- Die Teilnehmenden nennen reihum zu möglichst vielen Buchstaben des Alphabets ein Instrument oder ein Ding, mit dem man Musik machen kann: *Akkordeon, Bassgeige, Cello, Deckel, Eimer, Flöte, Geige, Harfe, Joghurtbecher, Klavier, Laute, Mundharmonika, Nägel, Orgel, Pauke, Querflöte, Trompete, Violine, Wassergläser, Xylophon, Zither*

Gedächtnistipp

Wenn Sie die Namen leicht vergessen und Ihre neue Bekannte einen Namen trägt, der denen von anderen Menschen ähnelt, die Sie kennen, machen Sie in Gedanken ein Gruppenfoto. Stellen Sie sich also alle Personen mit dem selben Namen zusammen vor.

Mein kleiner grüner Kaktus …

Die Teilnehmenden merken sich diese Sätze, indem sie Gedankenbilder malen.

- Mein kleiner grüner Kaktus ist aus Plastik.
- Kakteen stehen nicht in Alleen.
- Ein Kaktus und ein Kuss, das muss.
- Ich träume von Kakteen und Feen.
- Ich fahre mit dem Kaktus-Bus.
- Wir wollen geh'n, begleitet von Kakteen.
- Ich schenke dir 'nen Kaktus und dann ist Schluss.

Weitere Ideen

- Lassen Sie die Teilnehmenden von Kakteen erzählen.
- Die Teilnehmenden bilden reihum Sätze mit „Kaktus“ oder mit „Kakteen“.
- Die Teilnehmenden singen das Lied „Mein kleiner grüner Kaktus“, klatschen mit den Händen und geben den Takt mit den Füßen an.
- Lassen Sie Wörter finden, in denen ein „k“ steckt und kein „ck“. *Schokolade, Musik, Pauke, …*
- Lassen Sie Sätze bilden, in denen möglichst viele Wörter mit „k“ vorkommen. Beispiel: *Onkel Erik ist Detektiv und aufmerksam, wenn auf der Fensterbank viele Kakteen aus Plastik auf Korkuntersetzern stehen. (8 „k“)*
- Während ein Teilnehmender einen Satz mit vielen „k“ sagt, zählen die anderen Teilnehmenden die vorkommenden „k“.
- Lassen Sie Pflanzen im Wohnzimmer zu möglichst vielen Buchstaben des Alphabetes nennen. *Alpenveilchen, Bromelie, Christusdorn, Drachenbaum, Flammendes Käthchen, …*

Gedächtnistipp

Wenn Sie beim Erinnern eines Namens Probleme haben, dann gehen Sie in Gedanken das Alphabet durch.

Das ist des Pudels Kern

Die Teilnehmenden ergänzen diese Redewendungen mit Haustieren.

Ich lasse jetzt die Katze *(aus dem Sack)*.
Die Katze lässt das *(Mausen nicht)*.
Das ist des Pudels *(Kern)*.
Ist die Katze aus dem Haus, tanzen *(die Mäuse auf dem Tisch)*.
Heulen wie ein *(Schlosshund)*.
Die Kinder sitzen am *(Katzentisch)*.
Da liegt der Hund *(begraben)*.
Mit jemandem Katz und *(Maus spielen)*.
Man steht da wie ein begossener *(Pudel)*.
Das ist mal wieder für die *(Katz)*.
Viele Hunde sind des *(Hasen Tod)*.
Die beiden sind wie Hund und *(Katze)*.
Er ist bekannt wie ein *(bunter Hund)*.

Weitere Ideen

- Die Teilnehmenden nennen weitere Redewendungen mit Tieren: *Bei Nacht sind alle (Katzen grau) – Der Ort ist nur einen (Katzensprung entfernt) – Bei dem Wetter jagt man keinen (Hund vor die Tür) – Wie die Katze um den (heißen Brei laufen) – Man kauft nicht (die Katze im Sack).*
- Sagen Sie die unterstrichenen Wörter und die Teilnehmenden nennen die Redewendungen.
- Lassen Sie Sprüche und Zitate ergänzen: Ob eine schwarze Katze Glück oder Unglück bringt, hängt davon ab, *(ob man ein Mensch oder eine Maus ist)*.

Gedächtnistipp

Legen Sie eine Namenskartei an. Gehen Sie die Namen einmal in der Woche durch und stellen Sie sich die Personen dazu vor.

Dachboden und Keller

Auf den Dachboden damit

Die Teilnehmenden ergänzen diese Dinge aus einem Haushalt von vor vielen Jahren.

- *(Wasch)*brett
- *(Wasser)*kessel
- weißer *(Nacht)*topf
- *(Zink)*eimer
- *(Holz)*zuber
- *(Teppich)*klopfer
- *(Musik)*truhe
- *(Bohner)*besen
- *(Staub)*wedel
- schwarze *(Schreib)*maschine
- grünes *(Schnur)*telefon
- *(Tüten)*lampe
- alte *(Schall)*platten
- *(Zink)*badewanne
- *(Butter)*fass
- altes Radio mit *(Holz)*gehäuse
- alte *(Post)*karten
- altes *(Bügel)*eisen
- *(Wäsche)*stampfer
- alte *(Küchen)*waage
- *(Ton)*bandgerät
- alte *(Liebes)*briefe

Weitere Ideen

- Die Teilnehmenden nennen reihum Dinge, die auf dem Dachboden sein könnten und alle merken sich diese Dinge.
- Die Teilnehmenden beschreiben die obigen Dinge.
- Die Teilnehmenden erzählen von einem Dachboden in ihrer Kindheit.
- Lassen Sie Redewendungen nennen, in denen das Dach vorkommt: *Jemandem aufs Dach steigen/kein Dach über dem Kopf haben/ etwas unter Dach und Fach bringen/besser den Spatz in der Hand als die Taube auf dem Dach/das pfeifen die Spatzen von den Dächern/*

Gedächtnistipp

Reimen Sie öfter mal und schreiben Sie kleine Vierzeiler.

Hula Hoop und Schaukelpferd

Die Teilnehmenden beantworten diese Fragen.

- Wie nennt man einen bunten Reifen, mit dem sich Kinder früher bewegt haben? *(Hula Hoop)*
- Wie heißen die kleinen Glaskugeln in schillernden Farben, mit denen Kinder spielen? *(Murmeln)*
- Wie heißt das kleine Holzteil mit vier oder fünf Metallstiften, mit dem man etwas Buntes herstellen kann, wenn man farbige Wolle hat? *(Strickliesel)*
- Womit spielen Mädchen, wenn sie zwei Räume einrichten und Familie spielen? *(Puppenhaus)*
- Dazu brauchte man eine Schere und einen großen Bogen Papier, der mit bunten Abbildungen bedruckt war. *(Papierpuppen zum Ausschneiden und Anziehen)*

Weitere Ideen

- Die Teilnehmenden nennen Spielzeug, mit dem sie in ihrer Kindheit gespielt haben wie beim Spiel „Kofferpacken".
- Die Teilnehmenden beschreiben Gesellschaftsspiele, die sie mit den Eltern oder Großeltern gespielt haben.
- Die Teilnehmenden erzählen von ihrem Lieblingsspielzeug.
- Die Teilnehmenden stellen sich vor, dass sie ein Springseil in der Hand haben und bewegen die Arme so, als würden sie über das Springseil springen.
- Die Teilnehmenden bilden aus den Buchstaben des Wortes SCHAUKELPFERD viele neue Wörter: *Haus, See, Fee, auch, Sau, Ferkel, Eule, Esel, Reh, Pfau, Laus, Elch, Ren, Dackel, Hase, Dach, Dusche, Herd, Kachel, Schaufel, Harke, Hacke, Klee, Acker, Kelch, …*

Gedächtnistipp

Wenn Sie mehrere Infos in ein Gedankenbild bringen und sich genau vorstellen, denkt Ihr Gehirn, das sei eine Information und speichert besser. Probieren Sie es aus.

Kreisel und Kaufmannsladen

Lesen Sie diese kleine Rätsel vor und lassen Sie raten, um was es geht.

Ich drehe mich auf einem Bein,
doch ohne Schläge
bin ich faul und träge
und leblos wie ein Stein.
(Kreisel)

Alle Neune hört man sagen
und schon fallen sie um.
Niemand wird mehr fragen.
nach dem drumherum.
(Kegel)

Mutter, die hat keine Zeit
Immer: „Es eilt, es eilt!"
Doch das ist mir schnuppe.
Ich spiel' mit meiner …
(Puppe)

Wir Kinder warten, warten,
bis die Eltern endlich starten.
Sie haben selten Zeit
Doch dann ist es soweit
und es wird gemischt, gemischt
und so richtig aufgetischt.
(Kartenspiel)

Weitere Ideen

- Lassen Sie Spielzeug mit „K" nennen. *Kreisel, Kaufmannsladen, Käthe-Kruse-Puppe, Knetmasse, Klettergerüst, Kasperle-Theater, Kinderkochgeschirr, Karten, Kegel, Kuscheltiere, …*
- Die Teilnehmenden beschreiben die obigen Dinge.

Scherzfrage

Welches ist das am häufigsten verwendete Streichinstrument?
(Der Pinsel)

Gedächtnistipp

Beschäftigen Sie sich mit einem neuen Namen. Bilden Sie mit den Buchstaben des Namens einige Wörter. Beispiel: *Schlacktner: Acker, nackt, Schal, Hals, Tal, Sack, lachen, hacken, nasche, …*

Alte Möbel

Lassen Sie die Namen dieser Möbelstücke ergänzen.

- Cocktail*(sessel)*
- Tüten*(lampe)*
- Bar*(schränkchen)*
- Fernseh*(schrank)*
- Wäsche*(truhe)*
- Fliegen*(schrank)*
- Ohren*(Sessel)*
- Nieren*(tisch)*
- Tee*(wagen)*
- Musik*(truhe)*
- Frisier*(kommode)*
- Stand*(uhr)*
- Schlaf*(couch)*

Weitere Ideen

- Die Teilnehmenden bilden reihum mit jedem Möbel einen Satz und alle merken sich die richtige Reihenfolge der genannten Möbelstücke.
- Lassen Sie Möbel von A–Z nennen: *Anrichte, Barhocker, Couch, Drehstuhl, Eckbank, Fußbank, Gästebett, Hängeschrank, Jalousie, Kommode, Liege, Marmortisch, Nachtschränkchen, Ofen, Plattenschrank, Regal, Sessel, Tisch, Unterschrank, Vitrine, Wandlampe, Zeitungsständer*
- Lassen Sie vom Einrichten der ersten eigenen Wohnung berichten.
- Lassen Sie die Teilnehmenden von einem Umzug und den Veränderungen in der neuen Wohnung berichten.
- Lassen Sie die Möbel des Elternhauses beschreiben.
- Lassen Sie Dinge (oder andere Wörter) nennen, die mit „el" enden wie Möbel: *Nagel, Kachel, Schaufel, Kegel, Nadel, Radel, Kugel, Segel, Egel – Gel, Regel, Flegel, Adel, Eifel, Flügel, …*

Gedächtnistipp

Machen Sie öfter Bewegungen mit der linken Körperseite (wenn Sie Rechtshänder sind). Das stärkt besonders Ihre rechte Hirnhälfte.

Die alte Waschfrau

Die Teilnehmenden ergänzen die fehlenden Wörter dieses Gedichtes von Adelbert von Chamisso.

Du siehst geschäftig bei dem Linnen
Die Alte dort in weißem *(Haar)*,
Die rüstigste der Wäscher*(innen)*
Im sechsundsiebzigsten *(Jahr)*.
So hat sie stets mit saurem Schweiß
Ihr Brot in Ehr' und Zucht gegessen
Und ausgefüllt mit teurem *(Fleiß)*
Den Kreis, den Gott ihr zuge*(messen)*.

Sie hat in ihren jungen Tagen
Geliebt, gehofft und sich vermählt;
Die Sorgen haben nicht *(gefehlt)*;
Sie hat den kranken Mann gepflegt;
Sie hat drei Kinder ihm geboren;
Sie hat ihn in das Grab *(gelegt)*
Und Glaub und Hoffnung nicht
(verloren).

Weitere Ideen

- Die Teilnehmenden sprechen das Gedicht gemeinsam und prägen es sich ein.
- Lassen Sie Wörter nennen, die mit „Wasch“ oder „Wäsche“ beginnen: *Waschfrau, Waschtag, Waschmaschine, Waschküche, Waschautomat, ... Wäscheschleuder, Wäschestampfer, ...*
- Die Teilnehmenden nennen Wörter, die mit Wäsche enden: *Buntwäsche, Weißwäsche, Kochwäsche, Wollwäsche, Feinwäsche, Kaltwäsche, Babywäsche, Katzenwäsche, ...*
- Die Teilnehmenden bilden aus den Buchstaben von WASCHPULVER viele neue Wörter: *Schale, Hase, Lupe, Vase, Ware, Wache, Sau, Schule, rasch, Asche, Spule, Puls, Hupe, Raupe, ...*
- Lassen Sie kleine Verse schreiben, in denen die Hausfrau vorkommt: *Die Hausfrau putzt wie der Wind und ist auch sonst geschwind. Sie rennt den ganzen Tag und hat so manche Plag.*

Gedächtnistipp

Schauen Sie genau hin! Betrachten Sie Menschen, die Ihnen begegnen und achten Sie auf Kleinigkeiten. Später stellen Sie sich die Personen vor und überprüfen, ob Ihnen alle Einzelheiten einfallen.

Der Werkzeugkasten

Die Teilnehmenden ergänzen den zweiten Teil der Werkzeuge.

- Kneif*(zange)*
- Schrauben*(schlüssel)*
- Wasser*(waage)*
- Bohr*(maschine)*
- Inbus*(schlüssel)*
- Meter*(maß)*
- Holz*(hammer)*
- Schrauben*(zieher)*
- Zoll*(stock)*
- Fuchs*(schwanz)*
- Blei*(stift)*

Weitere Ideen

- Die Teilnehmenden nennen reihum weitere Dinge, die in einem Werkzeugkasten zu finden sind. und alle merken sich diese Dinge in der genannten Reihenfolge. Die Teilnehmenden stellen sich vor, wie sie jeweils damit arbeiten.
- Die Teilnehmenden merken sich die genannten Begriffe, indem sie Sätze damit bilden.
- Die Teilnehmenden nennen Werkzeuge und machen dazu eine passende Bewegung.

Weitere Dinge im Werkzeugkasten

- Nägel, Schrauben, Dübel, Sechskantschlüssel, Hammer, Schere, Phasenprüfer, Bohrmaschineneinsätze, …

Gedächtnistipp

Schreiben Sie jeden Tag Namen oder wichtige Infos mit beiden Händen gleichzeitig in die Luft. Das stärkt die Vorstellungskraft und damit das Gedächtnis.

Die Axt im Haus ...

Wie heißen diese Redewendungen vollständig?

- Wenn jemand es genau auf den Punkt bringt, trifft er den *(Nagel auf den Kopf)*.
- Wenn etwas sehr krass ist, dann ist es ein *(Hammer)*.
- Wenn etwas unter Dach und Fach ist, dann ist es niet- und *(nagelfest)*.
- Wenn man etwas übertreibt, dann über*(spannt man den Bogen)*.
- Wenn man jemanden in die Enge treibt, nimmt man ihn in *(die Zange)*.
- Wenn etwas sehr wichtig und eilig ist, dann brennt es auf *(den Nägeln)*.
- Wenn jemand zur Tat schreitet, dann macht er *(Nägel mit Köpfen)*.
- Wenn ein Haus versteigert wird, dann kommt es unter *(den Hammer)*.
- Wenn man etwas abbricht und aufhört, hängt man es *(an den Nagel)*.

Weitere Ideen

- Nennen Sie Werkzeug und die Teilnehmenden sagen die passende Redewendung.
- Spielen Sie mit den Teilnehmenden das Spiel „Kofferpacken" oder besser Werkzeugkasten füllen mit Werkzeugen.
- Nennen Sie ein Werkzeug und die Teilnehmenden nennen einen Beruf in dem das Werkzeug gebraucht wird. Beispiele:
  Wenn man eine Wand malern will, braucht man *(einen Pinsel)*.
  Wenn man mit Mörtel Stein auf Stein setzen will, braucht man *(eine Kelle)*.

Scherzfrage

Mancher Mann trägt mich am Stiefel, manche Frau hat mich im Garten. *(Rittersporn)*

Gedächtnistipp

Schalten Sie das Radio ein und achten Sie auf besondere Wörter. Beispiele: *Wörter, die mit einem bestimmten Buchstaben beginnen oder mit „ung", mit „r" oder mit „n" enden. Das trainiert Ihre Konzentration und Ihr Vorstellungsvermögen.*

Alles im Keller

Lassen Sie passende Wörter hinzufügen.

- Kartoffel*(kiste)*
- Wein*(flaschen)*
- Papier*(mülltonne)*
- Heizungs*(keller)*
- Fahrrad*(ständer)*
- Wein*(regal)*
- Wäsche*(leine, klammer, ...)*
- Kohlen*(keller)*
- Fliegen*(schrank)*
- Wasch*(küche)*
- Vorrats*(schrank)*
- Gelber *(Sack)*
- Garten*(geräte)*

Weitere Ideen

- Nennen Sie den zweiten Teil der Begriffe und die Teilnehmenden nennen den ersten Teil.
- Lassen Sie die Teilnehmenden weitere Dinge nennen, die im Keller sein können.
- Lassen Sie Kellerarten nennen: *Heizungskeller, Kohlenkeller, Eiskeller, Felsenkeller, Weinkeller, Bierkeller, Ratskeller, Vorratskeller, Hobbykeller, Jazzkeller, Eiskeller, Bierkeller, Partykeller, ...*
- Lassen Sie weitere zusammengesetzte Wörter mit den genannten Dingen nennen. Beispiel: *Kartoffelkiste, Kartoffelschäler, Kartoffelernte, Kartoffelmesser, Kartoffelknödel, ...*
- Lassen Sie Begriffe nennen, die mit dem zweiten Teil der oberen Begriffe beginnen. Beispiel: *Keller: Kellerassel, Kellerkinder, Kellerloch, Kellerwohnung, Kellergewölbe, Kellerlokal, ...*
- Lassen Sie die Teilnehmenden Sätze bilden, in denen Dinge aus dem Keller vorkommen.
- Lassen Sie gemeinsam eine Geschichte erzählen, die im Keller spielt.

Gedächtnistipp

Fällt Ihnen bei einer Begegnung der Name Ihres Gegenüber nicht gleich ein, nennen Sie Ihren eigenen Namen. Das führt in den meisten Fällen dazu, dass der Bekannte auch seinen Namen nennt.

Gartenidylle

Fleißiges Lieschen

Lassen Sie die Teilnehmenden diese Garten-Rätsel lösen.

- Ein Busch, der gelb blüht und nicht hält, was der Name verspricht. *(Goldregen)*
- Eine Blume, die mit einem verkleinerten Mädchennamen und einer positiven Eigenschaft betitelt ist. *(Fleißiges Lieschen)*
- Eine Kresse, die man essen kann und die gelb-orangerot blüht, am Boden oder kletternd. *(Kapuzinerkresse)*
- Eine blaue Blume, die an das Mittelalter erinnert, aber keine Rüstung trägt. *(Rittersporn)*
- Ein blaues Kissen, das nicht die Treue von Frauen beschwört. *(Männertreu – Lobelien)*
- Eine gelb blühende Blume, deren Samen der Bäcker nutzt. *(Sonnenblumen)*
- Eine blau blühende Blume, die man am Rand von Getreidefeldern findet. *(Kornblume)*
- Eine Blume, die im Namen eine Waffe trägt. *(Schwertlilie)*

Weitere Ideen

- Die Teilnehmenden nennen Gartenpflanzen von A–Z: *Akelei, Begonie, Chrysantheme, Dahlie, Erika, Flieder, Gerbera, Hortensie, Iris, Jungfer im Grünen, Krokus, Lavendel, Maiglöckchen, Narzisse, Osterglocke, Phlox, Quitte, Rose, Tulpe, Usambaraveilchen, Veilchen, Wicke, Zinnie*
- Die Teilnehmenden stellen richtige und falsche Behauptungen über Pflanzen auf und es wird geklärt, was stimmt. Beispiel: Flieder blüht nur lila (Falsch! Flieder blüht auch weiß)
- Die Teilnehmenden nennen Namen, die keinen Menschen bezeichnen: *fleißiges Lieschen, Erika, Flammendes Käthchen, grüne Minna, blanker Hans, lange Anna, kalte Sophie, Rosa, …*

Will ich in mein Gärtlein geh'n

Lesen Sie diesen Volksliedtext aus „Des Knaben Wunderhorn“ vor und lassen Sie die Hauptwörter zählen.

Will ich in mein Gärtlein gehn,
will mein' Zwiebeln gießen,
steht ein bucklig Männlein da,
fängt gleich an zu niesen.

Will ich in mein Küchel gehen
Will mein Süpplein kochen
steht ein bucklig Männlein da,
hat mein Töpflein brochen.

Weitere Ideen

- Die Teilnehmenden bilden selbst Reime und Vierzeiler über den Garten.
- Lassen Sie weitere Wörter nennen mit Umlauten wie zum Beispiel: *Gärtlein, Männlein, Süpplein, Töpflein, ...*
- Lassen Sie Wörter nennen mit „ie“ wie zum Beispiel: *gießen, niesen, Wiese, Liese, Riese, hiesig, Mieze, Stiefel, Wiege, ...*

Weitere Strophe

Will ich in mein Stüblein gehn
und mein Müslein essen.
steht ein bucklig Männlein da,
hat's schon halber gegessen.

Gedächtnistipp

Singen Sie so oft wie möglich und summen Sie bekannte Melodien.

Lisbeth im Reihenhaus

Lesen Sie diese kleine Geschichte vor und die Teilnehmenden merken sich die vorkommenden Häuser möglichst in der genannten Reihenfolge.

Lisbeth träumt in ihrem Reihenhaus von einem prachtvollen Herrenhaus mit großem Garten. Die Schmetterlinge flattern im Schmetterlingshaus und die Vögel fliegen im Vogelhaus. Im Gewächshaus blühen bunte Blumen und im Palmenhaus wachsen fantastische südländische Pflanzen. Lisbeth sitzt in einem herrlichen Gartenhäuschen und beobachtet eine Schnecke mit ihrem Schneckenhaus. Ihr Hund Hero liegt vor seiner Hundehütte und schaut hinauf zum Baumhaus, in dem die Kinder mit dem Puppenhaus spielen.

Weitere Ideen

- Die Teilnehmenden nennen Häuser von A–Z: *Affenhaus, Bienenhaus, Caféhaus, Doppelhaus, Eckhaus, Ferienhaus, Glashaus, Hochhaus, Irrenhaus, Jagdhaus, Kaufhaus, Landhaus, Möbelhaus, Nachbarhaus, Opernhaus, Parkhaus, Querhaus, Rathaus, Stadthaus, Teehaus, Unterhaus, Vaterhaus, Waschhaus, Zeughaus*
- Die Teilnehmenden erzählen von Häusern, in denen sie und ihre Eltern gewohnt haben.
- Die Teilnehmenden nennen Wörter, die mit Haus beginnen: *Hausfrau, Haustür, Hauflur, …*
- Es werden Wörter genannt, die die Buchstaben H A U S in beliebiger Reihenfolge enthalten. Beispiele: *Hustensaft, Ausfahrt, Bauchtasche, Schultasche, Suchmaschine, Haselnuss, …*
- Lassen Sie eine Wörterkette bilden, bei der immer ein neues Wort mit dem letzten Buchstaben des vorangegangenen Wortes gefunden werden muss. Die Kette beginnt mit Reihenhaus: *Stockwerk – Kellerräume – Erdgeschoss – Stuhl – Lampe – Eckbank – Kommode …*

Gedächtnistipp

Singen Sie wichtige Informationen mit einer bekannten Melodie.

Der lustige Hühnerstall

Singen Sie mit den Teilnehmenden diese Lieder:

Meine Oma fährt im Hühnerstall Motorrad,
Motorrad, Motorrad.
Meine Oma fährt im Hühnerstall Motorrad.
Meine Oma ist 'ne ganz patente Frau.

Wer ist in unser Hühnerhaus
eben doch gegangen?
Wer will sich dort zu einem Schmaus
eine Henne fangen?
Füchslein Füchslein mach dich fort.
Füchslein sag, was willst du dort
dort bei unsern Hühnern?

Weitere Ideen

- Reihum bilden die Teilnehmenden einen Satz mit „Oma“ (mit Opa).
- Reihum nennen die Teilnehmenden Tätigkeiten, die die Oma im (Hühnerstall) tun könnte.
- Die Teilnehmenden bewegen sich, während sie singen. Sie fahren in Gedanken freihändig Fahrrad, schwingen die Arme nach oben und treten in die Pedale.
- Die Teilnehmenden bilden Reime auf „Stall“ oder ergänzen Reime. Beispiel: *Im Stall gibt's einen Knall. Der Fall war im Stall.*
- Lassen Sie Wörter suchen, in denen eine Oma oder Opa versteckt ist: *Roman, Tomaten, Automaten, Chromargan, Thomas, Pomade, Europa, Leopard, Klopapier, Büropapier, …*

Gedächtnistipp

Tragen Sie Ihre Armbanduhr am falschen Handgelenk, wenn Sie etwas nicht vergessen wollen.

Die Kirschen in Nachbars Garten

Lassen Sie die Teilnehmenden diese Fragen beantworten.

- Welche Kirschen schmecken immer ein wenig süßer? *(die Kirschen in Nachbars Garten)*
- Was fällt nicht weit vom Stamm? *(der Apfel)*
- Wann kannst du getrost im Garten pflanzen? *(wenn die Falter im April tanzen)*
- Was sollte man in der Liebe sprechen lassen? *(Blumen)*
- Wen sollte man nicht zum Gärtner machen? *(den Bock)*
- Womit kann man eine sehr dünne Frau vergleichen? *(mit einer Bohnenstange)*
- Mit welchem Grünzeug kann man ein Durcheinander vergleichen? *(mit Kraut und Rüben)*
- Auf was sind Menschen gebettet, denen es sehr gut geht? *(auf Rosen)*
- Was vergeht nie? *(Unkraut)*
- Welche Blume steht für Bescheidenheit? *(Veilchen)*
- Wohin setzt man sich, wenn es unangenehm wird? *(in die Nesseln)*
- Was kann man wachsen hören? *(das Gras)*

Weitere Ideen

- Nennen Sie ein unterstrichenes Wort und die Teilnehmenden sagen die Redewendung.
- Nennen Sie Redewendungen und die Teilnehmenden stellen die Fragen.
- Die Teilnehmenden stellen Redewendungen pantomimisch dar.
- Die Kirschen in Nachbars Garten ist ein Lied. Lassen Sie die Teilnehmenden den Sänger nennen und das Lied singen. Es begann: „Als Bübchen mit heißem Verlangen …“

Gedächtnistipp

Achten Sie mal einen Tag lang auf alles, was viereckig ist.

Hänschen saß im Garten

Die Teilnehmenden ergänzen die Zeilen dieses Volksliedes.
(Melodie: Fuchs, du hast …)

Hänschen saß im Garten
und flickte seine *(Schuh)*.
Da kam des Nachbar's Lieschen
und guckt ihm fleißig *(zu)*.

Hänschen willst du heiraten,
dann heirate *(mich)*.
Ich hab' nen blanken *(Taler)*,
Der ist für dich und mich.

Und wenn wir dann zusammen sind
und hab'n kein eignes *(Haus)*.
Dann setzen wir uns ins Bodenloch
und gucken oben *(raus)*.

Weitere Ideen

- Singen Sie das Lied gemeinsam.
- Die Teilnehmenden nennen weitere Lieder mit einem Namen: *Hänschen klein, … Komm auf die Schaukel Luise, Mariechen saß weinend im Garten, Spannenlanger Hansel, …*
- Die Teilnehmenden nennen weitere Lieder, in denen der Garten vorkommt: *Schlaf Prinzchen schlaf, Kommt ein Reiflein in der Nacht*.
- Die Teilnehmenden erzählen von ihrem eigenen Heiratsantrag oder den von Freunden und Freundinnen.

Gedächtnistipp
Drehen Sie in Gedanken lustige Filme.

Schnecken necken

Lesen Sie diese Wörter vor und die Teilnehmenden nennen die versteckten Wörter.

Schneckentempo *(necken, Ecke, Po, …)*
Gartenhaus *(gar, Arten, aus, …)*
Libellenflug *(bellen, Ellen, Elle, …)*
Gartenschlauch *(gar, Arten, Lauch, auch, …)*
Insektenschutz *(in, Sekt, Hut)*
Rasenflächen *(asen, Senf)*
Schmetterlingsflieder *(Mett, Mette, Lieder, der)*
Buchenhecke *(Buch, Ecke)*

Weitere Ideen

- Die Teilnehmenden nennen reihum Wörter zum Thema Garten, in denen etwas versteckt ist.
- Lassen Sie Tiere nennen, in denen etwas versteckt ist, was getan wird: *Schnecken necken – Libellen bellen – Spatzen patzen – Schmetterlinge schmetter(n) – Tiger tiger(n) – Giraffen raffen – Murmeltiere murmel(n) – Fliegen liegen – Luchse luchse(n) – Reiher reiher(n) …*
- Die Teilnehmenden nennen Wörter, die mit Garten beginnen: *Gartentür, Gartenteich, Gartenhaus, Gartenblumen, Gartenwege, Gartengeräte, Gartenfest, Gartenbeet, …*
- Die Teilnehmenden erzählen von Gärten, die sie wunderschön oder schrecklich fanden.
- Lassen Sie den Begriff Schnecke als Teekesselchen klären: *Schnecke = Tier/Schnecke = Gebäck, Rosinenschnecke/Schnecke als Mädchenfrisur mit aufgerolltem Zopf/Schnecke im Ohr/langsamer Mensch*

Scherzfrage

In welcher Schule wird nicht gelernt? *(Baumschule)*

Petersilie – Suppenkraut

Lassen Sie die fehlenden Wörter dieses Liedes ergänzen.

Petersilie – (Suppenkraut)
wächst in unserem (Garten):
Unser Lieschen ist die (Braut),
soll nicht länger (warten).
Roter Wein
Weißer Wein
Morgen soll die (Hochzeit) sein.

Weitere Ideen

- Lassen Sie weitere Lieder nennen, die mit dem Garten und der Natur zu tun haben: *Rote Kirschen ess' ich gern, schwarze noch viel lieber/Mariechen saß weinend im Garten/*
- Die Teilnehmenden nennen reihum Küchenkräuter von A–Z: *Anis, Beifuß, Basilikum, Currykraut, Dill, Estragon, Fenchel, Gartenkresse, Kerbel, Liebstöckel, Maggi-Kraut, Oregano, Petersilie, Rosmarin, Schnittlauch, Thymian, Wurzelpetersilie, Zitronenkraut.*
- Lassen Sie die Teilnehmenden Begriffe mit Namen nennen: Petersilie: *Ziegenpeter, Meckerliese, Kaimauer, Hansaplast, Theologe, Klausur, Leopard, Motto, Kurtaxe, …*
- Die Teilnehmenden nennen reihum Suppen für viele Buchstaben des Alphabets: *Avocadosuppe, Bohnensuppe, Chicoreesuppe, Dosensuppe, Erbsensuppe, Fischsuppe, Gemüsesuppe, Hühnersuppe, Kohlsuppe, Linsensuppe, Mehlsuppe, Nudelsuppe, Oktopussuppe, Pilzsuppe,*
- Lassen Sie Redewendungen und Sprichwörter mit Suppe nennen. *Die Suppe auslöffeln, die man sich eingebrockt hat/jemandem die Suppe versalzen/sein Süppchen am Feuer anderer kochen*

Gedächtnistipp

Achten Sie mal einen Tag darauf, was in Ihrer Umgebung alles eine bestimmte Farbe hat (Gelb, Rot, Blau, Grün, …)

Gartentisch & Gartenstuhl

Die Teilnehmenden bilden gemeinsam Wörterketten von einem Anfangswort zu einem Zielwort. Beispiel: *Gartentisch bis Gartenstuhl: Gartentisch, Tischbein, Beinkleider, Kleiderschrank, Schranktür, Türschloss, Schlossgarten, Gartenstuhl.*

Bücherregal .... Uhrzeiger
Glühbirnen .... Drosselbart
Frisierkommoden .... Bartstoppel
Wasserkessel .... Mülltonne
Teppichboden .... Küchenschrank
Kohleofen .... Schlüsselbund
Kittelschürzen .... Topfdeckel

Weitere Ideen

- Sie sagen einen Begriff und dann bilden die Teilnehmenden eine Wörterkette: *Bücherregal, Regalwand, Wanduhr, Uhrzeiger/Glühbirnen, Birnenschnaps, Schnapsdrossel/Frisierkommoden, Kommodenschubladen, Schubladenschrank, Schrankschlüssel, Schlüsselbart, Bartstoppel/Wasserkessel, Kesselstein, Steinhaus, Hausmüll, Mülltonne/Teppichboden, Bodenfliesen, Fliesenmuster, Musterküchen, Küchenschrank/Kittelschürzen, Schürzenjäger, Jägermeister, Meisterkoch, Kochtopf, Topfdeckel, ...*

Rätsel

Erst weiß wie Schnee, dann grün wie Klee, dann rot wie Blut, schmeckt allen Kindern gut. *(Kirsche)*

Gedächtnistipp

Achten Sie mal einen Tag darauf, was in Ihrer Umgebung alles dünn und lang ist.

Minz und Maunz

Lassen Sie die Teilnehmenden diese Verse aus dem Struwwelpeter ergänzen.

Ein Feuerzeug nett (anzuseh'n).
„Ei", sprach sie, „ei, wie nett und (fein).
Das muss ein trefflich (Spielzeug sein).
Ich zünde mir ein (Hölzchen an),
Wie's oft die Mutter hat (getan)."
Und Minz und Maunz die Katzen
Erheben ihre Tatzen.
Der Vater hat's verboten.
Miau! Mio! Miau! Mio!,
Lass steh'n, sonst brennst du lichterloh.

Weitere Ideen

- Lassen Sie die Teilnehmenden diese Zeilen aus dem Struwwelpeter gemeinsam aufsagen.
- Lassen Sie weitere Texte nennen, in denen eine Katze oder ein anderes Haustier vorkommt.
- Die Teilnehmenden nennen „Katzenwörter", Wörter, die mit Katzen beginnen: *Katzentisch, Katzenwäsche, Katzenauge, Katzensprung, Katzenjammer, Katzenmusik, Katzenzunge, Katzenbuckel, Katzengold, Katzenklo, Katzenhaare, …*
- Die Teilnehmenden erzählen von ihrer eigenen Katze oder einem anderen Haustier.

Scherzfrage
Welches Baby hat einen Schnurrbart? *(Katzenbaby)*

Gedächtnistipp
Achten Sie mal einen ganzen Tag darauf, was in der Umgebung alles spitz ist.

Vor meinem Vaterhaus steht …

Lassen Sie dieses Lied, das Willy Schneider gesungen hat, singen oder summen. Lesen Sie den Text vor und lassen Sie die Reime ergänzen.

Vor meinem Vaterhaus steht eine Linde.
Vor meinem Vaterhaus steht eine Bank.
Und wenn ich sie einst wieder *(finde)*,
Dann bleib' ich dort ein Leben *(lang)*.

Dann wird die Linde wieder rauschen
Ihr liebes altes Heimatlied.
Mein ganzes Herz wird ihr dann *(lauschen)*,
Das oft in Träumen *(heimwärts zieht)*.
Mein ganzes Herz wird ihr dann *(lauschen)*.
Wer weiß, wer weiß, wann das *(geschieht)*.

Weitere Ideen

- Die Teilnehmenden nennen Liedertitel, in denen Bäume vorkommen: *O Tannenbaum/Der Mai ist gekommen/Guter Mond, du gehst so stille/Geh aus mein Herz und suche Freud …*
- Die Teilnehmenden summen reihum Lieder und alle raten, welches Lied das ist.
- Lassen Sie Bäume zu möglichst vielen Buchstaben des Alphabetes nennen: *Ahorn, Buche, Christbaum, Duftender Schneeball, Eiche, Feigenbaum, Goldlärche, Hainbuche, Johannisbrotbaum, Kastanie, Linde, Magnolie, Nussbaum, Obstbaum, Platane, Robinie, Schwarzerle, Trauerweide, Ulme, Vogelkirsche, Weide, Zirbelkiefer*

Gedächtnistipp

Achten Sie mal einen ganzen Tag darauf, was in der Umgebung alles rund ist.

Holz vor der Hütte

Welche Pflanzen und Pflanzenteile fehlen in diesen grünen Redewendungen?

- einen alten *(Baum)* verpflanzt man nicht
- nicht den *(Ast)* absägen, auf dem man sitzt
- Bäume wachsen nicht in den *(Himmel)*
- das Übel an der *(Wurzel)* packen
- auf den *(Busch)* klopfen
- den Wald vor lauter *(Bäumen)* nicht sehen
- zittern wie *(Espenlaub)*
- jemanden auf die *(Palme bringen)*
- etwas auf dem *(Kerbholz)* haben
- an der *(Frucht)* erkennt man den Baum
- hohe Bäume fangen *(viel Wind)*
- jemand nimmt kein *(Blatt vor den Mund)*
- mit Geduld und Zeit wird aus dem Maulbeerbaum *(ein Seidenkleid)*

Weitere Ideen

- Sie nennen eine Pflanze und die Teilnehmenden die entsprechende Redewendung.
- Sie stellen Fragen nach den Redewendungen, deren Antworten die jeweilige Pflanze ist: *Was sollte man nicht verpflanzen? – einen Baum*
- Die Teilnehmenden nennen Wörter, die mit Baum (Blumen, Gras) beginnen: *Baumschule, Baumhaus, Baumallee, (Blumensprache, Blumenblätter, Blumenstrauß, Grashüpfer, ...)*
- *Die Teilnehmenden nennen Dinge, die aus Holz hergestellt werden können.*

Scherzfrage

Welche Bäume dürfen ungefragt geschlagen werden? *(Purzelbäume)*

Aus der Kindheit

Lesen Sie dieses Gedicht von Friedrich Hebbel vor und lassen Sie die vorkommenden Kätzchen zählen.

„Ja, das Kätzchen hat gestohlen.
Und das Kätzchen wird ertränkt.
Nachbars Peter sollst du holen,
dass er es im Teich versenkt!"
Nachbars Peter hat's vernommen,
ungerufen kommt er schon:
„Ist die Diebin zu bekommen,
gebe ich ihr gern den Lohn!"
„Mutter, nein, er will sie quälen,
gestern warf er schon nach ihr,
bleibt nichts andres mehr zu wählen,
so ertränk ich selbst das Tier."
Sieh, das Kätzchen kommt gesprungen,
wie es glänzt im Morgenstrahl!
Lustig hüpft's dem kleinen Jungen
auf den Arm zu seiner Qual.

Weitere Ideen

- Lesen Sie das Gedicht noch einmal und die Teilnehmenden zählen alle Tätigkeiten.
- Lesen Sie das Gedicht und stellen Sie anschließend Fragen dazu: *Wie heißt der Junge im Gedicht? Was hat das Kätzchen gemacht? Was soll der Junge mit dem Kätzchen machen? Was macht das Kätzchen mit dem Jungen?*

Gedächtnistipp

Machen Sie jeden Tag Bewegungsübungen, damit das Gehirn aktiviert und die Durchblutung gefördert wird.